Conocimiento Espiritual

Watchman Nee

editorialvida.com

La misión de Editorial Vida es ser la compañía líder en comunicación cristiana que satisfaga las necesidades de las personas, con recursos cuyo contenido glorifique a Jesucristo y promueva principios bíblicos.

CONOCIMIENTO ESPIRITUAL
Edición en español publicada por
Editorial Vida
Miami, Florida

Rediseñado 2004

© 1986, 2023 por Editorial Vida

Originally published in the USA under the title:
    Spiritual Knowledge
    © 1973 Christian Fellowship Publishers, Inc.
Published by Christian Fellowship Publishers, Inc.

Traducción: *Antonio Marosi*
Diseño interior: *Grupo Nivel Uno, Inc.*
Diseño de cubierta: *Grupo Nivel Uno, Inc.*

RESERVADOS TODOS LOS DERECHOS.

ISBN: 978-0-829-77314-9

CATEGORÍA: Vida cristiana / Crecimiento espiritual

Índice

Nota del traductor del chino al inglés 5

Primera parte:

La senda que conduce al conocimiento de Dios.

1. Cuando Dios trata con nosotros y cuando nosotros tratamos con Dios 9
2. Cuando conocemos a Dios en la oración y en su voluntad 33

Segunda parte:

El conocimiento propio y la luz de Dios

1. El camino al conocimiento propio 53
2. La fuente de luz 75

Tercera parte:

La renovación de la mente

1. La mente 97
2. La renovación de la mente 107
3. La mente y el espíritu 119
4. Cómo efectuar la renovación 131

Nota del Traductor
del chino al inglés

«Mi pueblo fue destruido, porque le faltó conocimiento» (Oseas 4:6). Así se lamentaba el profeta Oseas. La gloria del evangelio de Jesucristo consiste en que «todos ... conocerán [a Dios], desde el menor hasta el mayor de ellos» (Hebreos 8:11). Hoy el conocimiento espiritual está abierto a todo hijo de Dios. Es, por tanto, no sólo nuestro deber, sino nuestro privilegio, buscar ese conocimiento.

En este libro el hermano «Watchman» Nee intenta ayudarnos a desarrollar ese conocimiento espiritual. Nos hace notar la diferencia entre el conocimiento mental y el conocimiento espiritual. Expone la vía del verdadero conocimiento de Dios así como la del verdadero conocimiento de nosotros mismos. Explica, además, la relación que existe entre el conocimiento espiritual y la renovación de la mente.

Los mensajes de este libro los predicó nuestro hermano en los primeros días de su ministerio; no obstante, las verdades que contienen no están sujetas al tiempo. Son tan aplicables ahora como lo fueron entonces. Originalmente fueron publicados en chino en tres folletos. En vista de la relación que hay entre ellos aparecen impresos en un solo volumen. Ojalá que «seáis llenos del conocimiento de su voluntad en toda sabiduría e inteligencia espiritual, para que andéis como es digno del Señor, agradándole en todo, llevando fruto en toda buena obra, y creciendo en el conocimiento de Dios» (Colosenses 1:9,10).

Primera parte

La senda que conduce al conocimiento de Dios

1

Cuando Dios trata con nosotros y cuando nosotros tratamos con Dios

Entonces respondiendo Jesús, les dijo: Erráis, ignorando las Escrituras y el poder de Dios.
(Mateo 22:29).

Y él se apartó de ellos a distancia como de un tiro de piedra; y puesto de rodillas oró, diciendo: Padre, si quieres, pasa de mí esta copa; pero no se haga mi voluntad, sino la tuya. Y se le apareció un ángel del cielo para fortalecerle. Y estando en agonía, oraba más intensamente; y era su sudor como grandes gotas de sangre que caían hasta la tierra. Cuando se levantó de la oración, y vino a sus discípulos, los halló durmiendo a causa de la tristeza.
(Lucas 22:41-45).

Otra vez fue, y oró por segunda vez, diciendo: Padre mío, si no puede pasar de mí esta copa sin que yo

la beba, hágase tu voluntad ... Y dejándolos, se fue de nuevo, y oró por tercera vez, diciendo las mismas palabras.
(Mateo 26:42,44).

Y para que la grandeza de las revelaciones no me exaltase desmedidamente, me fue dado un aguijón en mi carne, un mensajero de Satanás que me abofetee, para que no me enaltezca sobremanera; respecto a lo cual tres veces he rogado al Señor, que lo quite de mí. Y me ha dicho: Bástate mi gracia; porque mi poder se perfecciona en la debilidad. Por tanto, de buena gana me gloriaré más bien en mis debilidades, para que repose sobre mí el poder de Cristo.
(2 Corintios 12:7-9).

Por lo cual también nosotros, desde el día que lo oímos, no cesamos de orar por vosotros, y de pedir que seáis llenos del conocimiento de su voluntad en toda sabiduría e inteligencia espiritual, para que andéis como es digno del Señor, agradándole en todo, llevando fruto en toda buena obra, y creciendo en el conocimiento de Dios; fortalecidos con todo poder, conforme a la potencia de su gloria, para toda paciencia y longanimidad; con gozo dando gracias al Padre que nos hizo aptos para participar de la herencia de los santos en luz.
(Colosenses 1:9-12).

Sus caminos notificó a Moisés, y a los hijos de Israel sus obras.
(Salmo 103:7).

Y convocados todos los principales sacerdotes, y los escribas del pueblo, les preguntó dónde había de

nacer el Cristo. Ellos le dijeron: En Belén de Judea; porque así está escrito por el profeta: Y tú, Belén, de la tierra de Judá, no eres la más pequeña entre los príncipes de Judá; porque de ti saldrá un guiador, que apacentará a mi pueblo Israel.
(Mateo 2:4-6).

Entonces Caifás, uno de ellos, sumo sacerdote aquel año, les dijo: Vosotros no sabéis nada; ni pensáis que nos conviene que un hombre muera por el pueblo, y no que toda la nación perezca. Esto no lo dijo por sí mismo, sino que como era el sumo sacerdote aquel año, profetizó que Jesús había de morir por la nación.
(Juan 11:49-51).

Por lo cual, este es el pacto que haré con la casa de Israel después de aquellos días, dice el Señor: Pondré mis leyes en la mente de ellos, y sobre su corazón las escribiré; y seré a ellos por Dios, y ellos me serán a mí por pueblo; y ninguno enseñará a su prójimo, ni ninguno a su hermano, diciendo: Conoce al Señor; porque todos me conocerán, desde el menor hasta el mayor de ellos.
(Hebreos 8:10,11).

En el primer pasaje que hemos citado nos encontramos con que unos días antes de la muerte del Señor Jesús algunos saduceos lo interrogaron con respecto a la resurrección. Y dijeron: «Hubo, pues, entre nosotros siete hermanos; el primero se casó, y murió; y no teniendo descendencia, dejó su mujer a su hermano. De la misma manera también el segundo, y el tercero, hasta el séptimo. Y después de todos murió también la mujer. En la resurrección, pues, ¿de cuál de los siete será ella mujer, ya que todos la tuvieron?» Y el Señor les dio a ellos una respuesta muy especial: «Erráis, ignorando las

Escrituras y el poder de Dios». No es mi intención explicar esta complicada narración. Pero sacaré de este versículo dos profundos principios que conciernen a nuestra vida espiritual. El primero es comprender las Escrituras y el segundo, conocer el poder de Dios. Estos dos principios indican que el cristiano debe tener dos clases de conocimiento: Primero, el conocimiento de las Escrituras, y el segundo, el conocimiento del poder de Dios.

Por lo común los hijos de Dios que realmente lo buscan se dividen en dos clases: Una conoce la Biblia pero conoce poco el poder de Dios. La otra no conoce mucho la Biblia, pero conoce el poder de Dios. Muy raro es el caso en que los cristianos estén bien balanceados en ambos puntos. No voy a hablar de la importancia relativa de estos dos principios. Más bien, trataré de decirles que no es suficiente simplemente conocer la Biblia sino que se debe conocer también el poder de Dios. Séame permitido contemplarlos a todos ustedes como a personas que entienden las Escrituras, para que yo pueda dirigir la atención de ustedes a este asunto de la forma en que nosotros llegamos a conocer a Dios. El mero conocimiento superficial de las Escrituras no es suficiente... tenemos que conocer a Dios personalmente. Pero para conocerlo nos hace falta tener tratos con Dios y tratos de Dios con nosotros. No llegaremos al conocimiento de Dios si no tenemos tratos con Él y no esperamos que Él tenga tratos con nosotros. Porque la senda que conduce al conocimiento de Dios va por esos tratos. No hay otro camino. Hace falta que cada uno de nosotros tome esto muy en serio.

El conocimiento de la Biblia no equivale al conocimiento de Dios

Recordemos que un día llegaron unas personas a Jerusalén e iban preguntando por todas partes: «¿Dónde está el rey de los judíos, que ha nacido?» Ellos les preguntaban a todos mientras iban caminando. Llegó esto a oídos de Herodes y se turbó. Mandó a llamar a los principales sacerdotes y a los escribas del pueblo para inquirir de ellos dónde iba a nacer el Cristo. Cuando los sacerdotes y los escribas oyeron esta pregunta, ¿acaso alguno de ellos contestó que tenía que ir a su casa para escudriñar las Escrituras o que se le había olvidado traer su Biblia? No, sino que rápidamente recitaron de memoria al profeta y contestaron: «En Belén de Judea». Esto nos revela lo bueno que era su conocimiento de las Escrituras. Cuando se les preguntó pudieron dar una respuesta instantánea. ¿Fue errónea su respuesta? No, de ninguna manera. Sin embargo lo sorprendente fue que después que dieron esa respuesta, ninguno de los escribas ni de los ancianos saliera para ir a Belén. Lo que ellos sabían era de lo más exacto; sin embargo, lo único que hicieron fue decirles a los magos del oriente que fueran a Belén. Fueron como el policía de tránsito que dirige a la gente hacia donde cada uno quiere ir en tanto que él sigue inmóvil en su puesto. Aunque su conocimiento era excelente, ellos en persona no fueron ni buscaron al Mesías. Estos magos deben de haber sabido por los escritos de Daniel que nacería un niño que iría a ser el Rey de los judíos, y fue por eso que hicieron un largo viaje para hallar al Señor. ¿No es extraño que los que tenían poco conocimiento de las Escrituras buscaran con ansiedad al Rey de los judíos, en tanto que los que tenían un gran conocimiento de las Escrituras no lo buscaran? Habiendo viajado un largo trecho para buscar al Señor, la gente que vino del oriente finalmente lo encontró. Por eso es posible que los que sólo tienen el conocimiento bíblico no conozcan a Dios.

Esto resulta cierto no sólo en lo concerniente al nacimiento de Cristo sino también en cuanto a su muerte. ¿No fue acaso Caifás el que predijo: «Nos conviene que un hombre muera por el pueblo, y no que toda la nación perezca»?

(Juan 11:50). ¿Quién fue, no obstante, el que condenó a muerte al Señor Jesús? ¿Quién sino Caifás y su suegro Anás? De ahí se ve lo inútil que es tener conocimientos bíblicos sin conocer al mismo tiempo a Dios. A través de las profecías de Jeremías Dios fue diciendo una y otra vez: «Daré mi ley en su mente, y la escribiré en su corazón ... Y no enseñará más ninguno a su prójimo, ni ninguno a su hermano, diciendo: Conoce a Jehová; porque todos me conocerán, desde el más pequeño de ellos hasta el más grande» (Jeremías 31:33,34). No es suficiente tener un conocimiento exterior de la Biblia. Tal conocimiento tiene que estar escrito también en el corazón del hombre. El tenerlo escrito en el corazón trae como resultado el conocimiento de Dios. Deseo que ustedes se den cuenta de cuán inadecuado es el simple conocimiento mental de la Biblia. Debemos tratar también de conocer a Dios.

Hay una condición lamentable que es muy común en la actualidad, y es que son pocos los que realmente conocen a Dios. Hermanos, es posible que nos dediquemos con frecuencia a estudiar la Biblia y que, a pesar de todo, todavía no conozcamos a Dios. El que posee tan sólo algún conocimiento de la Biblia es como el que lucha nada más que con una caña a modo de arma. Esta se doblará según sople el viento, ya que no es resistente. Permítanme hacerles esta pregunta: ¿Quién puede decir hoy que conoce el propósito de Dios, la mente de Dios, su voluntad y sus caminos? Yo he dicho muchas veces que conocer a Dios es algo precioso más allá de toda medida. Nada puede compararse con ello. Hay gente que puede abrir la Biblia y ponerse a hablar bastante bien sobre un pasaje determinado, pero es posible que no conozca a Dios en absoluto. Los tales puede ser que hablen muy bien y, con todo, serles extraños a Él. El conocimiento de la Biblia nos debe guiar al conocimiento de Dios. En la actualidad esto no sucede así.

Cómo conocer a Dios

En el huerto de Getsemaní el Señor Jesús oró para conocer la voluntad de Dios. Getsemaní significa «prensa de aceite». El Señor Jesús sabía que Él tenía que prensar el aceite allí. Se arrodilló y oró, diciendo: «Padre, si quieres, pasa de mí esta copa; pero no se haga mi voluntad, sino la tuya» (Lucas 22:42). La Biblia nos dice que Él oró la segunda vez y la tercera vez en la misma forma. Él no oró simplemente una vez para dejar luego que la cosa sucediera por su propia cuenta. No. Él oró tres veces. Y cuando se levantó de la oración, es decir, después que terminó de orar, el Señor vino a sus discípulos y les dijo: «Dormid ya, y descansad. He aquí ha llegado la hora, y el Hijo del Hombre es entregado en manos de pecadores» (Mateo 26:45). Cuando Él oraba en Getsemaní, dijo: «Si es posible, pase de mí esta copa» (Mateo 26:39); pero cuando Pedro sacó su espada y le cortó la oreja al siervo del sumo sacerdote, el Señor hizo esta declaración: «La copa que el Padre me ha dado, ¿no la he de beber?» (Juan 18:11). De manera que durante el tiempo de su oración en el huerto de Getsemaní la copa todavía parecía ser algo dudoso. Pero después que se levantó de la oración, ya no tenía ninguna duda en cuanto a la copa que estaba dispuesto a beber. Con orar tres veces, pudo conocer la mente de Dios. Él no daba nada por sentado sino que buscaba el conocimiento de Dios por medio de la oración. Allá en el huerto tuvo tratos con Dios y Dios también tuvo tratos con Él.

Pablo tenía un aguijón en la carne. No estoy tratando de identificar ese aguijón. Basta con decir que era algo que lo hacía sentirse molesto y que lo pinchaba como un aguijón. También, al referirse a eso, lo llamó «un mensajero de Satanás»; de manera que debe de haber sido algo muy perturbador. Sin el poder de Cristo, Pablo no habría sido capaz de soportar ese aguijón. Él oró tres veces, pidiéndole al Señor que le quitara el aguijón. Pero el Señor le dijo: «Bástate mi gracia; porque mi poder se perfecciona en la debilidad» (2 Corintios 12:9). Ahora él estaba claro en este punto. ¿Acaso oró él una cuarta vez? No. Porque a la tercera vez ya el Señor habló y el asunto quedó solucionado por su palabra. Pablo no decidió nada de acuerdo a su propio conocimiento. Prefirió tratar con Dios en oración para conocer con certeza cuál era su voluntad en lo concerniente a este asunto en particular.

De las experiencias por las que pasaron nuestro Señor y aquel apóstol sacamos este principio: Si se desea conocer a Dios, se tiene que aprender a tener transacciones con Él. En otras palabras: hace falta tratar con Dios, y que Dios trate con nosotros. Muchos cristianos se descuidan, y dejan pasar las dificultades y los problemas sin recibir tratos de parte de Dios. Ellos no saben por qué les manda Él tales dificultades. Puede ser que estas personas lean la Biblia diariamente y parezcan poseer cierto conocimiento y alguna luz. Sin embargo, están en la ignorancia con relación a la mente del Hijo de Dios. Es claro que su conocimiento es insuficiente. Por esta razón, muy amados, tenemos que tratar con Dios y recibir tratos de parte de Dios. Será entonces que lo habremos conocido de verdad.

En la práctica

Permítanme ponerles un ejemplo. Cada uno de nosotros tiene un pecado en particular que fácilmente lo enreda. Algunos se preocupan por este pecado, en tanto que para otros la causa de la caída es aquel pecado. Algunos no pueden vencer el orgullo; otros no pueden vencer los celos; hay quienes no pueden vencer su mal carácter; algunos no pueden vencer al mundo, y otros no pueden vencer los deseos de la carne. Cada uno tiene un pecado especial, y sabe cuál es, pero no es capaz de vencerlo. Un día se encuentra en Romanos 6:14 con que «el pecado no se enseñoreará de vosotros» y en Romanos 8:1, 2 que «ninguna condenación hay para los que están en Cristo Jesús... Porque la ley del Espíritu de vida en Cristo Jesús me ha librado de la ley del pecado y de la muerte». Uno está ahora en posesión de estos pasajes y, sin embargo, no puede vencer su pecado. La verdad que se posee no puede ser puesta en práctica. Me temo que hay muchos hermanos entre nosotros que se encuentran ante un dilema similar. Si algún otro creyente que no puede vencer el pecado se acerca a ellos para pedirles ayuda, quizá sean capaces de hablarle extensamente sobre la gran doctrina de cómo vencer el pecado, pero sin la experiencia de haberlo vencido. Por consiguiente, el hermano que viene buscando ayuda regresará a su casa armado con cierto conocimiento de cómo vencer el pecado, pero sin la experiencia de haberlo vencido. Eso quiere decir que lo que mucha gente oye es un simple conocimiento de las Escrituras. Dios no ha tenido tratos con ellos, por eso es que no conocen el poder de Dios.

¿De qué manera, pues, llegamos a conocer a Dios a través de las relaciones que Él tiene con nosotros? Supongamos el caso de uno que se irrita fácilmente. Este se allega a Dios en oración con relación a ese asunto. Va también a pedirle consejo a alguien en cuanto a la manera de vencer este pecado en particular. Quizás el hermano le diga: «Usted debe pedirle a Dios que erradique la raíz de este pecado de tener mal carácter, de la misma forma como se sacaría una muela cariada». (Ojalá que eso *pudiera* suceder, pero sabemos que es absolutamente imposible. El pecado no puede ser extraído. Se anclará más firmemente cuanto más trate de sacarlo. Un consejo tal no habrá de ayudar en nada, ya que es completamente ajeno a la experiencia.) Después de haber sido aconsejado de esa manera, el hermano que se irrita ora a Dios en conformidad con eso. Pero, en lugar de ver erradicado el pecado, se encuentra con que se va profundizando más en él. Sin embargo él es uno de los que temen a Dios;

no va a pasar por alto el pecado que no puede vencer. Ha de tener tratos con Dios. Se llegará a Él en oración, no sólo una vez sino dos y hasta tres veces, para preguntarle qué es lo que pasa en realidad. Al hacerlo así, Dios le enseñará la verdad de Romanos 6:6: que Él no trata con el cuerpo de pecado sino que trata con el viejo hombre. Dios no saca de la carne la raíz de pecado sino que crucifica en la cruz al viejo hombre.

Después de cierto tiempo se encontrará conque vuelve a tener mal genio. Así que buscará a otro hermano para que lo ayude. Quizá él le diga que como nuestro viejo hombre fue crucificado con Cristo cuando Él murió, es necesario que se reconozca como ya muerto y entonces vencerá. Con esto acaba de lograr un poco más de conocimiento. Cuando llegué la tentación, hay que considerarse muerto. ¡Quién hubiera pensado que por más que se considere así, su temperamento todavía se saldrá fuera de control! Este método no es de provecho. Aunque la Biblia establece claramente que al considerarnos muertos podemos vencer, no vencemos. Si uno es temeroso de Dios, volverá a buscar al Señor una vez más. Entonces se le mostrará que el hecho de reconocerse muerto no empieza a la hora de la tentación, sino que ya hemos muerto con Cristo. Nuestro corazón debe, por tanto, descansar en la obra terminada de Cristo. Cada vez que viene la tentación sabemos que nuestro viejo hombre ya murió. Por consiguiente, no tenemos necesidad de agarrarnos de ninguna palabra, sino simplemente descansar en lo que Dios ya ha hecho por nosotros.

Sin embargo, poco tiempo después al ser tentado vuelve a perder los estribos. Si no es temeroso de Dios lo más probable es que esta vez se dé por vencido. Pero usted sí es temeroso de Dios, y no puede estar, por tanto, satisfecho con un simple conocimiento de la Biblia. Volverá a inquirir de Dios y le dirá: «O Dios, tu Palabra dice que mi viejo hombre fue crucificado con Cristo, ¿por qué, entonces, no puedo todavía vencer mi pecado?» Y una vez más conversará usted con Dios. Quizá Dios le muestre cuál fue el fallo. Quizá le diga que Él le ha permitido caer porque usted no conoce la corrupción de su carne. Depende demasiado de sí mismo. Así aprende una lección más. El conocerse a sí mismo —es decir, el conocer la corrupción de su carne— lo va apartando de confiar en su carne y hace que le suplique usted humildemente a Dios que lo guarde.

No obstante, a medida que el tiempo pasa, cae una vez más. Siendo una persona temerosa de Dios, se llegará otra vez a Él y lo consultará. Le dirá: «¿Por qué no puedo vencer mi pecado todavía? He considerado a mi viejo hombre como muerto, y llegué a saber lo que es mi carne. ¿Por qué es que todavía me hallo sujeto a caídas?» Ora una vez, dos, tres veces, quizás una cuarta y hasta una quinta vez. Le suplica a Dios que le hable. Al fin, Él le da la revelación. Ya está preparado para entender que el pecado es sólo el fruto del árbol. Al igual que el árbol de la vida cada mes produce una clase diferente de fruto, así la raíz de pecado produce innumerables clases de fruto. La raíz es una, pero el fruto se multiplica día por día. Usted está tratando siempre con un pecado en particular, sin embargo descuida otros pecados. Mientras esos otros pecados van creciendo, retorna a ese viejo hábito pecaminoso en particular. Mientras que trata con el mal carácter, va descuidando otros pecados. Y a medida que van apareciendo de nuevo otros pecados en usted, el pecado del mal carácter comenzará a seguir por el mismo camino. No se acuerda de tratar con su orgullo y con sus celos, con sus pensamientos impuros, con sus muchos otros pecados. Si trata solamente con su mal carácter, mientras más trate usted con él, más derrotado quedará. Pero si trata con todos los pecados, Dios lo va a bendecir.

Por haber obtenido todo este conocimiento quizá crea que ahora está viajando por la senda de la victoria y que podrá, por tanto, pasar el resto de su vida en paz. Sin embargo, inesperadamente reaparece el pecado; de manera que cae usted otra vez. Esta vez la cosa se presenta realmente crítica. No puede dejarlo pasar. Una vez más se acercará a Dios para pedirle que trate con usted. Después de orar una o dos veces recibe una nueva revelación; «¿Cómo anda su vida después de haber alcanzado la victoria?» Aquí Dios le muestra a usted que la obra consumada de Cristo tan sólo puede ser mantenida si se permanece en compañerismo con Él. Le hace ver que usted ha disminuido en la oración y en la lectura de la Biblia; que todos los días se levanta tarde... de ahí que algo anda mal en su comunión diaria con Él. Dios no quiere dar a entender con esto que la obra de Cristo, llevada a cabo en la cruz, no haya satisfecho su justicia. Lo único que quiere decir es que lo que Cristo ha llevado a cabo en la cruz ha de ser mantenido vivo en un ambiente de compañerismo con Dios.

Puede darse el caso de que pasados algunos días vuelve a perder el dominio de sí mismo. Se pone a orar otra vez y a pedirle a Dios que trate con usted. Esta vez Él le podrá indicar que todo va bien, excepto que no ha guardado un mandato especial suyo. Podría ser algo que Él requiere especialmente de usted. Ya se encuentra convencido; sin embargo, va inventando excusas y retardando la obediencia. Como resultado de esto, Él permite que usted pierda su victoria. A causa de su desobediencia en este otro aspecto, el pecado anterior (el mal carácter) vuelve a aparecer. Así que, amigos míos, no piensen ustedes que porque tan sólo han desobedecido una vez aquí y otra vez allá, podrán esperar salir victoriosos en la lucha contra el pecado. He mencionado con frecuencia en otras ocasiones que el secreto de la victoria consiste en confiar y obedecer. Cualquier debilidad en cualquier punto de la obediencia indudablemente debilitará su fe.

El hombre que conoce a Dios

Si ha sido usted tratado por Dios y ha llegado a tener un

verdadero conocimiento de Él, sabrá en qué situación particular se encuentra la otra persona. Se halla capacitado para ayudarla porque usted mismo habrá recibido tratos, quizás en esta misma materia, más de cincuenta veces. Usted no le habla a la gente tan sólo de la Biblia; le habla de Dios.

Durante un verano se dio una conferencia en la que hablaron varios personajes famosos. Se me dijo que sería bueno que yo fuera para oír a uno de los predicadores que hablaba tan bien en aquellos días; de manera que fui. En aquella determinada sesión él habló sobre cómo ser llenos del Espíritu Santo. Los versículos bíblicos que citó eran los más apropiados. Las ilustraciones que usó eran estupendas y su presentación muy lógica. Pero tan sólo a los diez minutos de estar hablando, yo me pregunté si eso era el estar lleno del Espíritu Santo. Pues aunque habló muy bien, no obstante, por algunas de sus expresiones de aficionado se llegó a conocer enseguida que él no conocía a Dios en esa materia en particular. Él no sabía nada del significado de estar llenos del Espíritu Santo. Esta es la razón de que el conocimiento superficial de la Biblia no nos da el conocimiento de Dios ni nos capacita para hablar de Él. Tenemos que aprender a caminar por el camino de la cruz. Nos hace falta que Dios trate con nosotros. El Señor no pasó por alto la voluntad de Dios por el hecho de que era el Hijo de Dios. Por el contrario, oró una vez, dos veces, y una tercera vez al Padre hasta que pudo decir: «La copa que el Padre me ha dado, ¿no la he de beber?» (Juan 18:11).

El apóstol Pablo también oró y oró hasta que el Señor le dijo que su gracia le bastaba. Sabemos cómo los creyentes de Corinto tuvieron una mala interpretación de Pablo. Las epístolas escritas a los corintios expresan su tristeza, en tanto que la epístola enviada a los filipenses manifiesta su gozo. De todas las epístolas paulinas son solamente estas las que están llenas de expresiones personales. Pero a mí me gusta leer las dirigidas a los corintios más que la dirigida a los filipenses.

Los creyentes de Corinto estaban completamente equivocados con él. Lo acusaron de ser sutil y lo juzgaron mal en su enfermedad. Él no insistió en que Dios le fuera a quitar su aguijón con el fin de escapar de la burla de los corintios. Lo único que dijo fue: «Respecto a lo cual tres veces he rogado al Señor, que lo quite de mí. Y me ha dicho: Bástate mi gracia; porque mi poder se perfecciona en la debilidad» (2 Corintios 12:8,9). Ya que Dios había hablado, él no hizo esfuerzos para que Dios cambiara de idea. En lugar de hacer eso, Pablo declaró: «Por tanto, de buena gana me gloriaré más bien en mis debilidades, para que repose sobre mí el poder de Cristo» (2 Corintios 12:9).

Nadie conocerá jamás a Dios sin tener trato con Él. Una vez dije a unos hermanos que había una sola forma de hacer progresos en la vida espiritual, y es recibiendo el trato de Dios. Si rehusamos aceptar esos tratos de Dios, nunca lograremos progreso alguno. Si lo único que deseamos es obtener conocimiento de la Biblia, sólo necesitamos estudiar mucho y obtener la ayuda de los que poseen conocimiento bíblico. Pero si lo que queremos es conocer a Dios de verdad, debemos tener tratos personales con Él, pues no hay otra manera de lograrlo.

Aprecio mucho la experiencia de los que realmente conocen a Dios. De sus expresiones podemos juzgar lo bien que ellos lo conocen. Cierta hermana procedente del Occidente era de veras una persona que esperaba el retorno de Cristo. (Observen que muchos expertos en profecía no saben cómo esperar la segunda venida del Señor.) Cuando me encontraba en su compañía, sabía que no la podría engañar, pues unas cuantas palabras dichas por ella ya revelaban lo familiarizada que estaba con las cosas espirituales. Recuerdo que el último día de 1925 estaba orando con ella. Ella oraba, diciendo: «Oh Dios, ¿permitirás realmente que termine el año 1925? ¿Tienes que esperar hasta que llegue 1926 para volver? Hasta este último día del año te pido que vengas hoy mismo». Yo sabía lo que ella estaba pidiendo. Varios meses después me encontré con ella en la carretera. Me tomó la mano y me dijo: «Hermano, ¿no es extraño que Él no haya venido todavía?» Estas expresiones suyas mostraban a las claras que ella no era simplemente una experta en profecía, sino una persona que tenía compañerismo con Dios y que realmente esperaba el retorno del Señor. Ella conocía a Dios. Era una experta en la segunda venida del Señor.

Conocí a otra hermana a quien consideraba una novicia en las cosas espirituales. Pero después de intercambiar con ella algunas oraciones, me di cuenta de que era una experta. Era una de esas personas que tenían tratos con Dios, y Dios con ella.

Un día conocí en Pekín a un creyente de avanzada edad. Él no tenía mucho conocimiento bíblico ni era admirado en su vida práctica; sin embargo, conocía realmente a Dios. Durante la conversación que sostuvimos me dijo: «Cristo es responsable de todo». Aunque su familia era muy pobre, tanto él como su esposa eran felices. Me aseguró que a pesar de los muchos y difíciles problemas que afrontaba en la vida, Cristo se había responsabilizado por cada uno de ellos. Entonces le pregunté:

—¿Qué responsabilidad lleva usted?

—Soy responsable de cantar himnos —me contestó.

Esto era exactamente como cuando el rey Josafat fue a la guerra y puso cantores delante del ejército para que cantasen alabanzas al Señor (véase 2 Crónicas 20). Seguí mis averiguaciones, y le dije:

—Usted lo ha dejado todo por el Señor. ¿Le pesa haberlo hecho?

—¿Por qué? —me respondió con mucha candidez—. Parece que no comprende: Es Cristo, no yo, el responsable por todas esas cosas.

En cuanto a este asunto de que Cristo es el responsable por todas las cosas, cualquiera puede ver que este creyente se encuentra muy por delante de nosotros y que tenemos que aprender de él esta lección. Él es, a la verdad, un experto en este aspecto particular de la vida espiritual. Lo que debemos tener no es un conocimiento superficial de la Biblia, sino un conocimiento que se obtiene directamente de Dios. ¡Oh, tan sólo los que han sido tratados por Dios saben lo que quiere decir ser tratados por Dios!

Hace falta tener tratos de parte de Dios

Al igual que usted tiene que tratar con su medio ambiente, Dios tiene que tratar con su pecado. ¿Dejaría usted, por ejemplo, que las cosas que van surgiendo en su familia, marchen como a ellas se les antoje? O si ora de veras, ¿orará usted tan sólo una vez y entonces ya no orará más porque no ha recibido respuesta? ¿Cómo puede creer que así va a conocer a Dios? Este no es el método de Pablo. Él oró repetidas veces hasta que el Señor le contestó. Si se dispone a orar tan sólo una vez, sería mejor que no lo hiciera. Debe orar una vez, dos veces y tres veces; y en caso de no recibir contestación, debe orar diez veces, y hasta cien veces, hasta que el Señor le hable.

Recordemos que la prisa no debe ocupar ningún lugar ni en la fe ni en la oración. La fe soporta el tiempo. Si Dios no da, podemos esperar hasta los cien años de edad. Nosotros esperamos contra esperanza. Abraham creyó a Dios (Romanos 4:18). Eliseo le dijo al rey Joás que tirara flechas contra el suelo, pero el rey las tiró solamente tres veces y detuvo la mano. Por esta causa, el profeta le dijo al rey que él podría derrotar a los sirios sólo tres veces; pero si hubiera tirado las flechas al suelo cinco o seis veces, habría sido capaz de golpear a Siria hasta acabarla (véase 2 Reyes 13:14-19). Lo mismo es en cuanto a nuestra oración: no podemos orar sólo dos o tres veces y luego darnos por vencidos.

Una vez un siervo del Señor dijo: «La oración es como

colocar tarjetas con nombres escritos en una balanza. Usted pone una pesa de una onza en un plato de la balanza, y va poniendo tarjetas una tras otra en el otro plato. Cuando usted tira la primera tarjeta, ésta no puede levantar la pesa de una onza. Se van colocando tarjeta tras tarjeta, pero la balanza no se mueve. Entonces, quizás en el mismo momento en que tira usted la última tarjeta, el brazo de la balanza que se encuentra en el lado opuesto al fin se levanta. Así sucede con la oración. Usted ora una vez, dos, tres veces, y una vez más. Quizás ésa sea su última oración... y entonces viene la respuesta».

Hemos de aprender, por tanto, a tener tratos con Dios. Tenemos que pedirle que trate con nosotros en lo concerniente a nuestro cuerpo mortal, a nuestro trabajo, a nuestra familia, a las circunstancias que nos rodean, y a todas las cosas que nos suceden. Conocí a una hermana que tenía más de sesenta años de edad. Ella afirmaba que nada en su vida era accidental. Le pregunté si lo que afirmaba era cierto, y ella contestó positivamente. Pensé que ella podría hacer tal afirmación en una predicación, pero que, en efecto, eso no podría ser verdad en la vida real. En cierta ocasión un hermano contrajo un resfriado. Ella le escribió a ese hermano para preguntarle qué lección había aprendido durante ese resfriado. Me imaginaba que era correcto preguntarle a una persona que hubiera contraído la fiebre tifoidea si había recibido alguna enseñanza de parte de Dios. ¿Pero cómo podía preguntársele a una persona si recibió alguna enseñanza de parte de Dios en las circunstancias de un resfriado común? No obstante, ese hermano fue realmente ayudado por ella. Él le contestó diciéndole que al principio él no tenía la mente en eso, pero después que se le preguntó reflexionó sobre ello y entonces Dios trató con él y fue cambiado.

Otro hermano tenía un enfermo en su familia. Esta vez sucedió que la hermana le escribió para decirle que él no debía dejar pasar despreocupadamente esa enfermedad, sino que tenía que tomarse la responsabilidad de orar por el enfermo que había en su familia. De esta manera ese hermano fue en verdad ayudado por ella.

Una vez ella misma cayó enferma en cama. Su compañera de trabajo había salido a otro lugar, su cocinera se había ido por alguna razón a su casa, y a ella se le había acabado el dinero. Siguió orando en la cama y preguntándole a Dios por qué tenía que estar enferma esta vez. Dios le mostró que esta enfermedad no provenía de Él sino que se debía a un ataque del enemigo. De manera que ella declaró: «Si soy yo la que ha hecho algo malo; puedo estar enferma. Pero si esto es un ataque satánico no debo estarlo». Ya hacía cuatro días que estaba con fiebre alta, sin embargo se levantó instantáneamente. Y fue esta vez que la hermana compuso el siguiente himno:

> Para el enemigo mi palabra es siempre «No»,
> Para el Padre es siempre «Sí»,
> para que Su plan y consejo sea
> Con todo éxito cumplido;
> Cuando tus órdenes obedezco,
> Concédeme autoridad, Señor,
> Para cumplir tu plan eterno
> Con el poder del Espíritu que está en mí.

Y después de terminar este himno, ella salió a trabajar y su enfermedad había desaparecido.

En cualquier situación en que se encontrara, esta hermana veía allí la mano de Dios. Ella sabía bien lo que significa la victoria de Cristo. Una vez me dijo: «Si usted tan sólo conociera la victoria de Cristo». Yo podía haberle buscado fácilmente pasajes de la Biblia, como Colosenses 2:14,15 que habla del triunfo de la cruz de Cristo, o Hebreos 2:14 que dice que el Señor Jesús mediante su muerte hace impotente al que tiene el poder de la muerte, o 1 Juan 3:8 que establece que el Hijo de Dios apareció para deshacer las obras del diablo, o Apocalipsis 12:11 que proclama que los hermanos vencieron a Satanás por medio de la sangre del Cordero. Sin embargo, cada vez que oía a esta hermana mencionar la victoria de Cristo, esas palabras parecían tener un significado especial en su vida. Era algo que estaba más allá de mi comprensión.

Cierta vez me enfermé repentinamente mientras me hospedaba en su casa. Esa vez me encontraba no sólo físicamente mal sino también emocionalmente alterado debido a varios problemas por los que estaba atravesando. Ella vino a verme; entonces le expliqué el estado en que me encontraba. Pero cada vez que yo decía algo ella me miraba fijamente y me decía:

— Cristo es vencedor.

A lo que yo contesté:

—A mí no me importa esta enfermedad física, pero sí sudo frío cuando las cargas interiores que tengo no quedan resueltas.

Ella volvió a decir:

— Cristo es vencedor.

Yo le repliqué:

—Eso no es así. Usted puede reclamar la victoria de Cristo sobre Satanás; puede reclamar la limpieza de su preciosa sangre sobre el pecado; puede reclamar la sanidad sobre la enfermedad porque Cristo ha llevado nuestras enfermedades. En todas estas cosas usted puede decir que Cristo es vencedor. Pero ahora yo he pecado y todavía no me he reconciliado con Dios. ¿Cómo, pues, puede usted decir que Cristo es vencedor?

No obstante, ella todavía seguía insistiendo en que Cristo es vencedor, y me leyó dos versículos de la Biblia. Enseguida quedé despejado allí mismo, tanto en lo interior como en lo exterior. Ese mismo día empecé a comprender lo que significa que Cristo es nuestra victoria. Antes yo tenía tan sólo el conocimiento bíblico de la victoria de Cristo, pero ahora recibí un nuevo conocimiento de parte de Dios. Comencé a ver que la victoria que yo había tenido antes era como un arma hecha de un tallo de caña … cosa totalmente ineficaz. Ahora yo me daba cuenta de cómo la victoria de Cristo lo abarcaba todo. Allí están incluidas las victorias sobre el enemigo, sobre nuestros pecados, sobre nuestras enfermedades y sobre todas las cosas. Puesto que Dios había tratado en repetidas ocasiones con ella, esta hermana sabía lo que significa la victoria de Cristo. Y porque conocía a Dios, ella estaba capacitada para ayudar a otros.

En la actualidad hay muchos creyentes que le prestan poca atención a la Biblia. ¿Podría yo preguntarle a usted con cuál de los sesenta y seis libros de la Biblia está más familiarizado? ¡Qué triste es que muchos creyentes no dominan ni tan siquiera un libro de la Biblia! Pero aun más triste es que no conocen a Dios de una manera real. Si usted quiere conocerlo no debe dejar por negligencia de prestarle atención a nada de lo que le ocurra, ya bien en la familia, en el cuerpo o en las cosas que lo rodean. Debemos tener tratos con Dios. Es necesario que oremos hasta obtener su respuesta. Y mediante esos tratos que se van repitiendo una vez tras otra aprendemos nuestras lecciones hasta llegar al verdadero conocimiento de Dios.

El conocimiento de Dios y la obra

Permítanme decirles también algunas palabras a los que están en la obra. Nadie puede trabajar para Dios si no lo conoce. Muchos creen estar capacitados para predicar por haber estudiado la Biblia en algún seminario teológico. Contéstenme lo siguiente: Cuando vamos a predicar el evangelio, ¿salimos para explicar la Biblia o para proclamar al Salvador? ¿Para exponer la Palabra o proclamar las buenas nuevas? Aun cuando esos seminarios teóricamente son buenos, lo único que pueden hacer es ayudar a la gente a entender la Biblia, pero no a conocer a Dios. En la actualidad hay muchos que entienden la Biblia, hay muchos que pueden analizar bien la Palabra, ¿pero cuántos pueden hablar de Dios y de la forma en que usted puede conocerlo? Si deseamos trabajar para Dios lo primero que tenemos que hacer es conocerlo.

Hay quien declara que le gusta hacer la obra del evangelismo personal, que espera que podrá predicarles a los demás. Pero cuando realmente se presenta delante de la gente... no tiene nada que decirle. Y, en verdad, ¿de qué podría hablar? Sólo se puede predicar sobre aquello que nos ha llegado hasta el alma. Usted solamente es capaz de ayudar a la gente con aquello con que usted mismo ha sido tocado por Dios. ¿Qué es lo que realmente podrá predicar alguno, si no conoce a Dios?

Vamos a ilustrar esto con un ejemplo. Hay cierto pecado en la vida de una persona que parece que esta aún no ha dejado. La mano de Dios siempre toca ese punto. Cada vez que esa persona ora, Dios le hablará de ese pecado. Él no la va a soltar hasta que no se hayan tomado medidas con respecto al mismo. Entonces la próxima vez que esa persona se encuentre con un hermano que se halla en condiciones similares, tendrá bien presente que el solo conocimiento bíblico no puede resolver su problema. Él debe tomar medidas con respecto a su pecado. Pero en el caso de que a esa persona no le preocupe su propio pecado, no confrontará al hermano que está cometiendo el mismo pecado que el suyo. Al pasar por alto el pecado de este, lo que estará haciendo esa persona es simplemente hacerse el de la vista gorda en cuanto a su propio pecado y no podrá ayudar al hermano.

Si un hermano ha recibido tratos y amonestación de parte de Dios en el asunto de levantarse temprano, él impondrá las manos sobre otro hermano que es tardo en levantarse y le dirá: «Hermano, levántese pronto, porque el maná se está derritiendo». Como que él personalmente recibió tratos de parte de Dios, ahora se encuentra capacitado para ayudar a los demás.

La predicación consiste en predicar aquello sobre lo cual hemos recibido tratos de parte de Dios en nuestra vida; de lo contrario, como quiera que prediquemos, no seremos capaces de guiar a la gente a ese punto. En la actualidad hay predicaciones que tienen pocos resultados debido a que los propios predicadores no han sido enseñados a través de los tratos recibidos de parte de Dios. Es mejor no abrir la boca si lo único que predicamos es simplemente alguna enseñanza... el resultado de dos o tres horas de preparación del sermón. Nos hace falta pasar de tres a cinco años bajo la experiencia de los tratos de Dios para llegar a ser aptos para predicar. Si tenemos tratos con Dios con relación a algunas cosas que nos ocurren cada día, estaremos capacitados para tratar con personas que tienen los mismos problemas.

¿Sabe usted la diferencia entre un sermón y un testimonio? El sermón en sí no basta, pero el testimonio sí. Usted puede escribir un sermón que se gane la aprobación de los hombres sin echar a andar victoriosamente a sus oyentes, pues no tienen dónde poner el pie. Esto se parece a la situación en que se encuentra un alumno de la escuela elemental que trata de escribir el relato de un viaje que él nunca ha hecho. No sucede así con el testimonio. Cuando usted testifica, está describiendo la situación real, como si usted estuviera exhibiendo la cosa misma de la que está hablando. Puede ser que usted no hable bien, pero es imposible que esté equivocado, porque usted está describiendo una escena real, como algo que se puede ver y que se puede tocar. Así que, al trabajar, tanto entre creyentes como entre no creyentes, un asunto de gran importancia para nosotros es mantener el contacto con Dios. Sólo las cosas de las cuales hemos tratado allí son reales. Son estas las cosas que habrán de tocar a la gente cuando le hablemos.

Hermanos, hoy día hay miles y miles de cosas que necesitan el toque de Dios. ¡Cuán lamentable es que hayamos pasado por alto tantas cosas hasta el presente sin haber recibido tratos de Dios al respecto! Si aprendemos a aceptar día tras día la forma de proceder de Dios con nosotros, no tardaremos en conocerlo. Muchos creyentes corren de aquí para allá para oír a la gente y para preguntarle a la gente, pero no se ponen a buscar al Señor que mora en ellos. No en balde no conocen todavía a Dios a pesar de haber sido salvos desde hace muchos años. ¡Qué digna de lástima es esta condición! Debemos inquirir de Dios qué es lo que hemos de hacer en esta situación o en esta otra. Tenemos que seguir buscando hasta conocer la voluntad de Dios. No debemos orar tan sólo una vez y luego quedarnos allí. Le repito que si usted ora tan sólo una vez, le sería mejor que dejara de orar por completo.

Para concluir, permítanme decirles que los creyentes perezosos no podrán tener nunca la esperanza de llegar a conocer a Dios. Les quisiera decir también a los que sirven a Dios que no podrán hacer que la gente se sienta constreñida a menos que a ellos mismos no se les haya hecho sentirse constreñidos también. Ojalá que nosotros aprendamos cada día a tratar con Dios y también a ser tratados por Dios. Tales experiencias son de lo más preciosas. Es de más valor conocer a Dios que tener un conocimiento mental de la Biblia. Que Él nos bendiga a todos.

2

Cuando conocemos a Dios en la oración y en su voluntad

Porque por fe andamos, no por vista.
(2 Corintios 5:7).

Respecto a lo cual tres veces he rogado al Señor, que lo quite de mí.
(2 Corintios 12:8).

Y dejándolos, se fue de nuevo, y oró por tercera vez, diciendo las mismas palabras.
(Mateo 26:44).

Sigamos reflexionando sobre este asunto de cómo conocer a Dios. Es necesario que aprendamos a tener tratos con Él y también a que Él tenga tratos con nosotros. Dicho de otro modo, que aprendamos a tener tratos con Él. Hasta ahora sólo hemos hablado de cómo tener tratos con Dios, pero eso tan solo no es suficiente. Procederemos a hablar de otros dos asuntos, que son: (1) cómo conocer a Dios en la oración, y (2) cómo conocer a Dios en su voluntad. Si no conocemos la naturaleza de Dios y la forma de tener comunión con Él, no podremos adelantar espiritualmente.

1. *Cuando conocemos a Dios en la oración*

Una de las cosas que tienen perplejos a los cristianos es cómo poder obtener la respuesta de Dios a nuestra oración. Todo cristiano ha de tener este deseo de saber que Dios oye su oración. El creyente a quien Dios le oye la oración sólo una vez en cuatro o cinco meses —o en cuatro o cinco años— debe de ser un cristiano anormal. Muchos con dificultad tienen alguna experiencia de recibir respuesta de Dios a su oración. No quiero decir con esto que ellos no oran. Sólo quiero decir que sus oraciones son ineficaces. Muchos creyentes no tienen la seguridad de que Dios vaya a oír sus oraciones. Y mientras no reciban las cosas por las que han orado, ellos no tienen ni idea de si Dios les ha de contestar o no. Desde el comienzo no tienen convicción alguna en absoluto. Como cristianos, nosotros debemos ser espiritualmente ricos, pero nos convertimos en pobres porque no sabemos cómo hay que orar. ¡Cuán golpeados nos encontramos por la pobreza si nuestras oraciones son oídas tan sólo una vez cada cuatro o cinco años! He dicho muchas veces que ningún cristiano puede vivir en una situación de oraciones no contestadas. ¡Qué terrible ha sido nuestro descenso!

Quisiera considerar con ustedes la forma en que el creyente debe orar. ¿Cuál es el menor tiempo en que su oración ha de obtener respuesta? ¿Qué confianza tiene después de la oración? ¿Cuál es el resultado de todo eso? Ahora ¿de dónde podemos obtener todo ese conocimiento? Lo podemos obtener mediante nuestro conocimiento de Dios. Si usted les va a presentar estas preguntas a distintas personas, lo más probable es que le saquen a usted más de diez condiciones relacionadas con la oración; como son el perdón de los pecados, que uno debe tener fe, la necesidad de orar de acuerdo a la voluntad de Dios... El problema es que muchos conocen la oración tan sólo a través de la Biblia. No conocen la oración en la presencia de Dios. Leen la Palabra y rebuscan las condiciones en que fueron contestadas las oraciones. Todo esto es aprendido de la Biblia, no del trato directo con Dios. De ahí que no aproveche para mucho. Hay que pasar bastante tiempo delante de Dios, y hay que aprender a tratar con Él y también a ser tratados por Él. Así llegaremos gradualmente a saber lo que Él requiere de nosotros con respecto a la oración. Conocer a Dios en oración no viene por casualidad, ni por el oír, ni por lo que yo estoy diciendo ahora. Lo único que puede hacer una guía turística es indicarle a alguien un determinado lugar, pero no la lleva a ese lugar. Y si esa persona no la lleva allá, no va a tener ninguna experiencia acerca de ese lugar en particular.

Hermanos, supongamos que ustedes tienen un deseo, una petición, y quieren que Dios se la conceda. Ustedes orarán a Él respecto a este asunto. Puede ser que oren con fervor o con descuido, puede ser que oren largamente o en forma breve. Sin embargo, lo más extraño de todo esto es que nunca piensan en conocer a Dios en ese tiempo de oración. A ustedes en realidad no les importa si Dios contesta su oración o no. Por ejemplo, le piden a Dios que les dé un determinado libro; y si un día Él les da ese libro, lo toman como una recompensa de su parte. Ustedes deberían saber, sin embargo, que no es tan sólo el libro lo que obtienen... adquieren también un conocimiento de Dios. En efecto, ustedes aprenden cómo hay que orar para obtener una respuesta de Él. El hecho de recibir un libro es una cosa muy insignificante, pero saber cómo orar para recibir contestación a la oración, es un conocimiento de lo más precioso. En el transcurso de ese tiempo de oración ustedes llegan a conocer un poco más a

Dios. Nuestro conocimiento no ha de venir tan sólo de la lectura de la Biblia; lo debemos obtener directamente de Dios también.

Quitar todo impedimento

Sigamos con el ejemplo del libro. Usted le pide a Dios que se lo dé. Ora durante cuatro días, quizás cinco, y no recibe contestación. Sigue orando durante dos meses, pero todavía no hay contestación. Ora durante tres, quizás cuatro meses, no obstante la respuesta sigue demorada. Usted no comprende por qué Dios no se lo da. A usted le hace falta tener un corazón investigativo. Pregúntese por qué Dios le contestó la última vez, pero no le contesta esta vez. ¿Dónde reside el problema? Usted sabe que el problema no puede radicar en Dios, porque Él es muy capaz de dar. De modo que el problema debe de radicar en usted. Por el momento usted deja de lado su petición por el libro y se pone a buscar la causa de no estar recibiendo contestación a sus oraciones. A lo mejor usted le dice a Dios: «Oh Dios, te he pedido que me des un libro. ¿Por qué me lo retienes?» Cuando de veras está usted tratando de entender, Dios le dirá que le hace falta tomar medidas en tal o más cual cosa en su vida. Sólo después que usted haya tomado esas medidas es que Él le va a contestar. De manera que usted procede a quitar esos impedimentos. Cuatro o cinco días después Dios le da el libro. De ahí que lo que usted adquiere no es sólo un libro, sino también un conocimiento superior de Dios. Un conocimiento tal dará por resultado que su próxima oración sea diferente de las que ha tenido hasta ahora, porque sabe que tiene que quitar todo lo que haga falta quitar para que Dios conteste su oración.

Es evidente que el conocimiento que usted y yo obtenemos de Dios nos viene a través de tratos severos, no meramente del oír y del leer. Si en cada asunto tenemos que tratar con Dios y también ser tratados por Él —esto es, aprender a tener tratos con Él— llegaremos a saber lo que requiere de nosotros, lo que desea que removamos de nosotros y lo que quiere llevar a cabo en nosotros. Será entonces cuando lo vamos a conocer.

Desear

Hay muchos principios espirituales en la oración que nosotros debemos aprender; de lo contrario, no recibiremos respuesta a nuestras oraciones. Y aquí presentamos una ilustración práctica. Quizás usted le pida a Dios un reloj. Ora durante cuatro o cinco días y luego se olvida de eso. Dios no ha contestado su oración, así que la descarta por completo. Es frecuente que ore usted así. Habrá orado de esa manera por cientos de cosas. Dios no contesta, por lo tanto usted se olvida de eso; y Dios también se olvida de eso. Tal forma de orar equivale a no haber orado nunca. De acuerdo al procedimiento normal, usted tendría que investigar por qué Dios no le otorga el reloj, deberá averiguarlo con Él. Y al tratar con Él sobre este caso, Él le hará saber una cosa: que el deseo que usted tiene no es lo suficientemente fuerte. Y puesto que ese deseo no es fuerte en absoluto, usted no se sentiría tocado si Dios realmente le contestara la oración y, en caso contrario, tampoco sentiría ninguna pérdida si no se la contestara. En tales circunstancias Él no puede contestarle la oración. Una oración que no mueve el corazón del que ora no puede mover el corazón de Dios. Esta es la razón de por qué debe uno tener un deseo perfecto delante de Dios. Esto quiere decir que usted no cejará en su propósito en el caso de que Dios no le conteste. ¿Cómo puede esperar que le conteste si usted es capaz de soltar con tanta facilidad el asunto, sin tener en cuenta que su oración haya sido contestada o no? Usted adquiere este conocimiento: que detrás de todas sus oraciones tiene que haber un verdadero deseo.

Pedir

Existe todavía otro aspecto. Hay veces que el corazón está lleno de deseos; pero que aun así no llega a obtener el objeto anhelado. Cuando se acerca a Dios para averiguar el asunto, El le mostrará que, efectivamente, tiene el deseo, pero no ha pedido, o no ha abierto la boca para expresar ese deseo. Eso es precisamente lo que dice la Biblia: «No tenéis, porque no pedís» (Santiago 4:2). Así, pues, uno recibe otro conocimiento: Que es necesario que haya una petición exterior que corresponda al deseo interior.

Obedecer

¿Quiere usted de veras que Dios le conteste la oración? Es posible que haya hecho esa petición exterior y haya tenido ese deseo interior; no obstante, su oración sigue todavía sin ser contestada. Por consiguiente, usted ora y ora, inquiriendo de Dios por qué es que no le contesta. Puede ser que Él le indique que no le ha prestado oídos en un determinado asunto; razón por la cual no lo va a oír a usted. Es necesario que usted lo escuche para que Él atienda su oración. De esta manera usted aprenderá que debe obedecer a Dios. Y cuando haya obedecido, podrá orar, diciendo: «Oh Dios, ya he quitado el impedimento que tú querías que quitara. Ahora contesta mi oración». Así alcanza usted un nuevo conocimiento más: que Dios sólo oye a los que son obedientes. ¡Qué lejos está el conocimiento que uno adquiere a través de los tratos de Dios y de los tratos con Dios, del conocimiento que uno adquiere oyendo o leyendo la Biblia!

¿Puedo hablarles con sinceridad? Muchos hermanos dejan de ser oídos por Dios en sus oraciones porque no han aprendido la obediencia. Si no atendemos la Palabra de Dios, Él no puede contestar nuestras oraciones. Nosotros dejamos pasar muchas cosas inadvertidas, considerándolas como de muy poca importancia; pero Dios no permite que pasen inadvertidas. A muchos creyentes les hace falta tener un trato riguroso de parte de Dios. ¿Cómo podremos adelantar si dejamos pasar las cosas sin prestarles atención? Si no nos ocupamos cuidadosamente de todos y cada uno de los asuntos, no seremos oídos en nuestras oraciones. En tiempos de grandes peligros quizá nos oiga Dios a modo de excepción. Pero si deseamos que Él siempre nos oiga las oraciones tenemos que obedecerle en todos los aspectos.

Tener fe

Es posible que usted haya obedecido. Sin embargo, su oración sigue todavía sin obtener respuesta. El reloj no acaba de aparecer. Usted se presenta delante de Dios para inquirir de Él una vez más. Quizá le diga que está usted falto de fe. Usted trata entonces de descubrir la forma en que puede obtener fe. Se acerca a Él repetidas veces, pidiéndole que conteste su oración y le de fe. Con todo, no obtiene lo que pide. Es posible que Él le muestre que a menos que usted no se vaya a ocupar primero de ciertas cosas, no tendrá fe. O quizá le indique que usted se presenta demasiado ansioso en sus oraciones y que esa ansiedad revela falta de sumisión de parte suya. Y a menos que usted no se someta y diga: «Oh Dios, yo me someteré aun cuando tú no me lo vayas a dar», su oración no será contestada. Esto parece contradecir lo que dijimos antes acerca del deseo del corazón. En efecto, muchas cosas espirituales sí parecen ser contradictorias; sin embargo, todas ellas son realidades. Con todo, llegado a este punto Dios le dice a usted que ahora puede pedir fe. De manera que usted hace la petición; y un día, al llegar a un pasaje de la Biblia, ciertas palabras del mismo captan su atención. No es que usted las haya estado buscando, sino que son las palabras las que lo buscan a usted. Las palabras parecen destacarse y ser más grandes de lo acostumbrado.

Al instante reconoce en ello la consolación que viene de Dios: la palabra que Dios le da a usted. Allí mismo se da cuenta entonces de que ya le ha contestado su oración y le ha otorgado su promesa. Basado en la palabra que le ha otorgado, usted le habla y tiene tratos con Él. De esta manera obtiene un nuevo conocimiento, un conocimiento de cómo creer a Dios en oración. Y usted empezará a comprender qué es lo que se quiere decir cuando se habla de fe en la Biblia.

Alabar

Ya se ha tratado de todo, y hay fe también. Sin embargo, el reloj no acaba de llegar. Usted sigue orando durante otro mes, o quizá dos. Y cuanto más ora tanto menos seguro llega a estar. De manera que se pone a inquirir de Él; y le hace saber que debe alabarlo y no continuar orando después de que haya recibido la promesa. Si se pone a orar después de recibir la promesa, orará con duda. En lugar de eso debe alabar al Señor, puesto que ya Dios le ha dado su buena palabra y, además, ya está en posesión de la fe. Satanás vendrá para tentarlo sugiriéndole que usted debe orar; pero usted le contestará; «No, yo tengo que alabar». Él lo tentará otra vez, diciéndole que usted debe orar; con todo, usted seguirá insistiendo: «No, ya Dios ha contestado mi oración, así que, lo que voy a hacer es alabarlo». Está bien que usted lo alabe. Hasta en las relaciones humanas lo cierto es que usted se pondrá a pedir en el caso de no haber promesa; pero una vez que ya le han dado una promesa, lo que hace es dar gracias. Siendo así que Dios le ha hecho una promesa, usted debe alabarlo. Pero si usted lo que hace es seguir orando, acabará por perder esa fe, orando.

Alguno que haya tenido profundas experiencias con el Señor nos advertirá que cuidemos de no acabar por perder nuestra fe orando. Porque lo que podrá suceder es que oremos carentes de fe, que oremos dudando. El seguir orando es señal de que no creemos lo que ya Dios nos ha manifestado. Y aquí aprendemos de Dios otra forma todavía de nuevo conocimiento: saber cómo alabar después de recibir a través de la oración.

Hacer que Dios recuerde

Después de repetidas alabanzas el reloj sigue sin estar en sus manos. Y usted vuelve a inquirir de Dios la razón de ello. Lo más probable es que aprenda que habiendo entrado en fe y en alabanza, debe también hacer recordar a Dios, tal como Él dice a través de Isaías: «Hazme recordar» (43:26). Es como si Dios pudiera olvidar e hiciera falta que uno le refrescara la memoria. Ya Él le ha dado la promesa; ahora quiere que usted se la recuerde. Entiéndase bien claro que uno no va a hacer recordar a Dios con un corazón lleno de incredulidad. Antes bien, uno le dirá a Dios con fe: «Oh, recuerda lo que Tú has prometido». Es lo que hizo Salomón cuando se puso a orar: «Ahora, pues, Jehová Dios de Israel, cumple a tu siervo David mi padre lo que le prometiste» (1 Reyes 8:25). Tal recordatorio es muy significativo. Debido a la demora, se le da a usted oportunidad para tratar con Dios y aprender así algo nuevo acerca de Él.

Lecciones más profundas

Después de haber hecho todo lo anterior, cabe aun la posibilidad de que no obtenga aquello por lo que ha estado orando. Porque hay más lecciones que aprender. Este asunto de la oración, quizás uno crea que es algo tan simple que hasta un niño de seis o siete años de edad lo pudiera hacer. Pero es igualmente tan profundo que después de setenta u ochenta años hay todavía mucho que aprender, y mucho que quedará sin que se llegue a conocer. Quizás Dios quiere que usted espere, o tal vez le haga falta aprender la forma de resistir los embates de Satanás. Es mediante mucha oración y súplica que uno aprende a conocer los caminos de Dios. La próxima vez que esté en oración, ya sabrá cuántos impedimentos tiene que quitar de en medio. Luego se encontrará capacitado para adentrarse en lo que Dios ha prometido. Los creyentes maduros se sienten completamente seguros en sus oraciones. Saben, sin sombra alguna de duda, que Dios los va a oír. Si usted no sabe que Dios lo va a oír, estará lleno de dudas y lo dominará la inquietud. Así que aprenda a conocer a Dios en todas las cosas, en las grandes y en las pequeñas. Ponga esto en práctica, y Él oirá prontamente sus oraciones.

Algunas experiencias

Tenía yo un amigo a quien en cierta ocasión le hicieron falta (si mal no recuerdo) 150 dólares. En aquel tiempo vivíamos en un pueblecito, y ya era sábado. Él necesitaba ese dinero para el lunes siguiente. La lancha de pasajeros sólo hacía algunos viajes a la semana y no operaba ni los sábados ni los domingos. Él tenía sólo dos dólares en el bolsillo. De manera que se puso a orar. Dios le indicó que todavía le quedaban dos dólares y que aún era sábado. Debía esperar hasta el lunes. Obedeció a Dios y quiso saber en qué forma debía gastar esos dos dólares. Cuando salió a predicar el evangelio se encontró con una persona que le dijo que todavía no había cobrado el pago por la limpieza de las ventanas. Debido a lo cual él le pagó a ese hombre un dólar. A mi amigo le quedaba ahora un solo dólar en el bolsillo. Al seguir caminando se encontró con un mendigo que estaba pidiendo limosnas. Lo primero que pensó fue que debía cambiar el dólar en monedas de diez centavos y darle entonces al mendigo la mitad. De repente este único dólar que le quedaba se convirtió en un objeto muy preciado para él. Pero enseguida se dio cuenta de que eso no estaba bien. De manera que le dio el dólar entero al mendigo. Cuando este dólar salió, Dios entró. Mi amigo se sentía sumamente contento porque, decía, ya él no tenía nada en el mundo de qué depender, así que Dios sería entonces quien tendría que hacerse cargo de él. Volvió a su casa y se acostó a dormir tranquilamente. El día del Señor celebró el culto como de costumbre. Al día siguiente, lunes, un amigo le telegrafió 150 dólares. ¡Tan sólo el costo de ese envío habrá sido de unos 30 a 50 dólares! Ahora podía cubrir sus necesidades sin falta alguna.

Cada vez que esperamos que Dios nos conteste la oración debemos aprender a recibir sus tratos. No hay gota del océano que pueda entrar en una botella, si está sellada con un pequeño corcho. Los dos dólares que tenemos en el bolsillo son como aquel pequeño corcho. A menos que los saquemos no podremos recibir nada de Dios. Aunque podemos aprender mucho de una sola vez, sin embargo, nuestra experiencia se irá profundizando a medida que pasen los años.

Según vaya usted aprendiendo, se irá dando cuenta de que hasta las palabras que use uno al orar tendrán que ver con el hecho de que la oración sea contestada o no. Sabrá lo que hay que decir para obtener respuesta, y sabrá que si dice cualquier otra cosa, no la obtendrá. Habrá explorado todos los aspectos de la oración. Aprenda a orar con confianza. No espere tres o cuatro meses para que se le dé seguridad. Nadie tiene la experiencia de conocer a Dios a menos que lo conozca por medio de la oración.

Una hermana en el Señor, la señorita Margaret E. Barber, sintió una vez que Dios quería que ella preparara unas diez habitaciones con el fin de hospedar a creyentes. Oró con respecto a este asunto. Entonces, cosa extraña, Dios hizo que una escuela industrial casi cesara en sus actividades. En consecuencia, le alquilaron la escuela a ella. Tenía veinte cuartos, y el alquiler mensual era de veinte dólares. Para gran sorpresa mía, se le dio de esa forma solución al asunto.

Pero más adelante sucedió una cosa más sorprendente aun. Habían pasado cuatro años. Entonces vino la mala noticia de que la escuela industrial volvería a ser abierta otra vez. La información la obtuve de mi padre, pues él había sido uno de los directores de esa escuela. Así pues, una tarde le hice una visita especial a esa hermana. Le pregunté si ella había oído la noticia. Me dijo que las autoridades ya le habían informado que la escuela iba a ser reabierta el siguiente otoño, y también que ellos habían contratado a dos ingenieros de Estados Unidos, los cuales ya habían emprendido viaje para venir. Se tenía entendido que la escuela iba a ser definitivamente reabierta. Le pregunté si estaba pensando en mudarse. Su respuesta fue que no. Le pregunté después si ella había orado. Me dijo que no, puesto que no había necesidad de orar. Un joven creyente que estaba de pie cerca de allí expresó la opinión de que probablemente esta vez Satanás la estaba engañando. Ella contestó: «Esperen y verán». Yo le pregunté cómo era que ella podía tener tanta certeza. Me contestó que Dios nunca se pondría a jugar con ella. Si Dios quiso que tuviera un hospicio, quién la podría sacar, a menos que Dios mismo le ordenara cerrarlo. Porque Él nunca se burla de nosotros. ¡Con todo, los ingenieros ya habían iniciado su viaje y estaba planificada la reapertura de la escuela!

Se fue tranquilamente a las montañas para pasar sus vacaciones de verano como si nada estuviera sucediendo. Y llegó una sorpresa justamente antes de que ella regresara de su viaje. De buenas a primeras las autoridades escolares le mandaron una carta en que le informaban que ya no se volvería a abrir la escuela y le pedían que siguiera alquilando el edificio. Lo que sucedió fue que en el transcurso de la preparación para reabrir la escuela ocurrió una gran catástrofe, y por ciertas razones se agotaron los fondos para la reapertura de la escuela. ¡Oh, si tan sólo aprendiéramos con precisión la forma de actuar de Dios, sabríamos cómo afrontar cualquier situación que pudiera surgir y evitaríamos así muchas acciones inútiles y muchas palabras innecesarias! Si conocemos a Dios sabremos cómo Él actuará con respecto a un determinado asunto, al igual que podemos predecir lo que dirá y lo que hará determinada persona si le conocemos el temperamento. Conociendo nosotros a Dios, podemos precisar si contestará ciertas oraciones o no.

Hoy día la iglesia pone mucho énfasis en el estudio de la Biblia. En realidad, el estudio de la Biblia es importante. Pero les he estado exponiendo con ruegos a todos ustedes que es aun más importante conocer a Dios. Si aprenden estas lecciones sabrán con exactitud cuál es la forma de ayudar a la gente que anda a tientas en la oscuridad. Aunque el caso puede ser diferente, el principio es el mismo. Cuando uno ora con otra persona uno percibe si la oración de esa persona va a ser contestada o no. Cuando uno ora con otras dos personas, uno percibe la oración de cuál de las dos va a ser contestada y de cuál de las dos no lo va a ser. Esto no quiere decir que uno haya llegado a ser profeta. Simplemente indica que, a juzgar por su condición espiritual, uno es capaz de saber el resultado de sus oraciones.

Nunca nos contentemos con una incertidumbre en cuanto a la respuesta a nuestras oraciones. ¡Qué cosa más preciosa sería si toda oración recibiera su segura respuesta!

2. Cuando conocemos a Dios en su voluntad

Si queremos conocer la voluntad de Dios, nos hace falta tener tratos con Él. Los que no tienen esos tratos no conocen la voluntad de Dios. Quizás algunos hermanos piensen que sea imposible conocer algo tan extraordinario como la voluntad de Dios. Es verdad, Dios es muy sublime. ¿Nos declarará a nosotros, gente tan insignificante, su voluntad? Es importante que nos preparemos. Cuando un espejo está empañado, la imagen que refleja se verá borrosa. O si está mal fabricado, hasta distorsionará la figura que reproduce. En caso de no estar nosotros preparados, quién sabe hasta qué punto podríamos malinterpretar a Dios. Cada vez que queramos conocer su voluntad tendremos que examinarnos, ante todo, a nosotros mismos. Hace falta que nos hagamos a un lado y que nos dispongamos a abandonarlo todo por Él.

Entonces nos revelará su voluntad. Cada vez que vayamos a buscar la voluntad de Dios tendremos que dejarnos tratar por Él.

Cuando Jorge Müller buscaba conocer la voluntad de Dios, se iba examinando a sí mismo una y otra vez. Era frecuente que empezara la primera anotación en su diario con relación a un asunto diciendo que este o ese asunto parecía ser así. En su segunda anotación volvería a escribir que eso parecía ser así. Más adelante anotaría que después de haber examinado el mismo asunto durante dos meses, todavía parecía ser así. Cierto día vendría alguien trayendo una petición que estaría relacionada con ese mismo asunto. Otro día un compañero en la obra diría algo que tendría el mismo efecto. Y pasados todavía unos días, vendría una promesa. Muchos días después anotaría algo así como: «Ahora este asunto ha quedado aclarado». Poco después escribiría que llegó a aclararse más todavía, porque ya no sólo había palabra sino provisión también. Finalmente anotaría en su diario que ahora el asunto había quedado perfectamente aclarado. Hubo veces en que él manifestó en su diario que, aunque el dinero que había entre manos no era mucho, Dios había empezado a suplir y a bendecir. Él no tenía miedo de ser objeto de risa, ni nunca firmó ningún contrato con hombre alguno. Cada vez que se presentaba alguna necesidad le pedía a Dios que supliera aquella necesidad. Y Dios nunca le falló. Siempre supo cómo había que tratar con Dios.

Estando una vez en oración sintió que Dios quería que fuera a Alemania. Entonces le dijo a Dios que había tres obstáculos relacionados con tal viaje: Primero, si su esposa iba con él, ¿quién se encargaría de sus tres niños?; segundo, no había dinero para el viaje; y tercero, él necesitaría a una persona que lo sustituyera en la dirección del orfanato. Él reconoció que no sabía si era la voluntad de Dios que fuera; pero si lo era, pedía a Dios que hiciera provisión en esos tres asuntos. Algunos días después llegó un hombre que era la persona ideal para encargarse del orfanato. Le dijo a Dios que uno de los obstáculos ya había sido eliminado, ¿qué había en cuanto a los otros dos? Poco después se mudó a su casa una señora con la intención de pasar unos meses allí. Ella podría cuidar a sus niños. Con esto quedó superado el segundo obstáculo. Pasado todavía un tiempo alguien le mandó un regalo personal (porque él nunca usaba el dinero designado para la obra para sus necesidades personales), y esto le resolvió su tercer problema. En vista de todo esto él inquirió de Dios si era este el momento de emprender viaje. Anotaciones como la que acabamos de ver aparecían nítidamente en su diario. Aprendió a tratar con Dios paso a paso.

La historia de Abigail

En cierta ocasión el señor Müller le enseñó a una niñita cómo había que orar. Ella se llamaba Abigail. Hacía ya bastante tiempo que ella deseaba tener un ovillo de lana multicolor a manera de juguete. Ella era muy jovencita. Un día ella vio que el varón de Dios venía a su casa. De manera que se puso a hacerle preguntas y a decirle que, habiendo oído de sus padres que él sabía bien cómo había que orar, le iba a pedir que tuviera la bondad de orar por ella para que pudiera obtener un ovillo de lana multicolor.

El anciano señor Müller contestó que él oraría por ella, pero que ella también debía orar. La niña se arrodilló y el varón de Dios se arrodilló a su lado. La niñita oró primero, diciendo que deseaba un ovillo de lana multicolor. Después el varón de Dios inclinó su cabeza de pelo gris, puso las manos sobre ella y oró, diciendo: «He aquí una niña que desea tener un ovillo de lana de varios colores. Nadie sabe nada de eso, ni yo tampoco haré nada en cuanto a eso. Eso es asunto tuyo. Oye, por favor, su oración». Al terminar estas palabras esperó por unos segundos como si todavía le estuviera diciendo algo a Dios. Entonces se levantó y le dijo a la niña que dentro de dos días Dios le daría el ovillo de lana para que jugara. El corazoncito de ella saltó de gozo. Este anciano la había llevado a Dios. Ella se puso a pensar: tal vez su abuela le traería el ovillo de lana de colores, o quizá lo haría su tía.

Para su sorpresa, la segunda noche quién sino su propio padre fue el que le trajo el ovillo. Ella no cabía en sí de contento. Su padre era propietario de una tienda de ropa. Él había vendido todos los ovillos, excepto uno de lana multicolor. Este ovillo había estado expuesto para la venta demasiado tiempo y ya no estaba presentable. Así que lo trajo a su casa y se lo dio a su hijita para que jugara con él.

Al día siguiente el señor Müller la vio y le preguntó si había encontrado interesante el ovillo de lana de colores. No le preguntó que si había conseguido el ovillo; antes, le preguntó que si había encontrado interesante jugar con el ovillo. Este hombre que conocía a Dios tenía confianza.

Ha habido muchos pequeños incidentes como ése en la vida de Müller. Por supuesto que él había seguido a Dios por más de noventa años, y sus muchas experiencias fueron aprendidas de Él. Nunca descuidaba nada. Siempre anotaba en su diario cómo estaba ese día esa o aquella cosa. Estaba claro en todo. Estaba continuamente en tratos con Dios. No en balde tenía tan profundas experiencias. El error de la gente de hoy consiste en que confunde el conocimiento bíblico con el conocimiento espiritual, sin saber que el verdadero conocimiento espiritual es aprendido directamente de Dios. Si alguno desea aprender delante de Dios, tiene que tratar con Él y también ser tratado por Él.

Tratos y conocimiento son inseparables

La cosa más preciosa de nuestra vida en la tierra es conocer a Dios. A fin de conocerlo debemos recibir sus tratos en todas las cosas. Tenemos que recibir sus tratos en el asunto del conocimiento de su voluntad como también en la oración. Tenemos que tratar acerca de las cosas que nos rodean como también acerca del pecado. Hemos de preguntarle el significado de todo lo que nos sucede en el camino. ¿Habrá algo que nos esté demandando Dios? Los perezosos nunca lo podrán conocer. Lo llegamos a conocer a través de la oración; lo llegamos a conocer teniendo compañerismo con Él. Debemos aprender de Pablo, cómo oró al Señor no tan sólo una vez sino dos y hasta tres veces, hasta que el Señor acabó por hablarle. También debemos aprender de nuestro Señor, que en el huerto de Getsemaní oró, diciendo: «Padre mío, si es posible, pase de mí esta copa; pero no sea como yo quiero, sino como tú» (Mateo 26:39). Él oró no una vez, sino dos veces más hasta que todo estuvo suficientemente claro. Oremos nosotros también una y otra vez hasta que obtengamos la respuesta de Dios. Unicamente así podemos conocer a Dios.

¿Me permiten decirles unas palabras a mis compañeros en la obra? Ustedes no pueden salir a trabajar si no han aprendido cómo hay que tratar con Dios y en qué forma es que Dios trata con ustedes, porque así no pueden ser comparados ni siquiera con un buen cristiano. Si ustedes no conocen los caminos de Dios, ni sus procedimientos ni su naturaleza, ¿entonces en qué se diferencian de las demás personas? Ustedes podrán brindarles algunas ideas espirituales, pero no podrán guiarlas en la senda espiritual. No todos los que leen la guía del viajero a Hanchow o a Pekín han estado en Hanchow o en Pekín. No todos los que tienen un libro de cocina han probado todas las comidas que están descritas en ese libro. De igual manera, usted no puede guiar a la gente si usted no tiene nada más que el conocimiento de la Biblia.

Con todo, no es suficiente tampoco tener sólo experiencia sin el conocimiento de la Palabra; porque en ese caso uno no estaría en posesión de las palabras adecuadas con las que pudiera ayudar a la gente. El Señor dice: «Erráis, ignorando las Escrituras y el poder de Dios» (Mateo 22:29). Ese es su reproche. Muchos creyentes carecen del conocimiento de la Palabra o del conocimiento del poder de Dios. Muchos tienen tan sólo una exigua idea espiritual; cada uno se imagina cosas sin saber realmente de qué se trata. Algunos son capaces de enseñar a otros porque tienen una mente más tenaz y pueden recordar algo más los asuntos doctrinales. ¡Oh, hermanos, este es un fenómeno demasiado trágico! Ojalá que aprendamos a conocer a Dios tanto en su voluntad como en la oración. Nosotros somos capaces de conocerlo; no hay nada más importante que eso. No mantengamos guardada la luz que tenemos en nuestra mente, más bien busquemos la forma de conocerlo y de recibir sus tratos.

Segunda parte

El conocimiento propio y la luz de Dios

1

El camino al conocimiento propio

Creo que Dios quiere que les dé un mensaje acerca de cómo conocernos a nosotros mismos. Jamás ha habido creyente alguno que haya hecho ningún progreso en la vida espiritual sin tener conocimiento propio. Además, el cristiano no podrá progresar espiritualmente más allá de lo que conozca. Conforme a la luz (y no tan sólo al conocimiento) que reciba, así habrá de ser su vida. Nadie puede avanzar más allá de la luz que Dios le haya dado. La persona que ni se da cuenta de sus faltas ni conoce su verdadera condición nunca irá en busca de nuevas facetas ni hará esfuerzos por avanzar.

Una de las partes esenciales de la vida espiritual del creyente es juzgarse a sí mismo, teniendo en cuenta que su carne es inútil y que no es de fiar; porque solamente entonces confiará enteramente en Dios andando en el Espíritu y no en la carne. Se puede decir que sin este juzgarse a sí mismo la vida espiritual es imposible. Si no nos conocemos, ¿cómo podremos juzgarnos a nosotros mismos, y recibir bendiciones espirituales? Al no percibir la corrupción de la carne como a Dios le gustaría que la veamos, nos hacemos totalmente incapaces de vivir una vida pura en el Espíritu Santo.

Debido a la falta de conocimiento propio nos iremos llenando inconscientemente de autoconfianza, y dejaremos así de comprender lo que el Señor ha dicho, que «separados de mí nada podéis hacer» (Juan 15:5). Aun cuando el Espíritu Santo nos es dado para ayudarnos en nuestra debilidad, dejamos de buscar su ayuda puesto que no vemos nuestra debilidad. Por consiguiente, permanecemos en ella.

Además, al no conocernos a nosotros mismos nos volvemos tan engreídos que nos creemos ser superiores a los demás, con el resultado de que nos llenamos de orgullo, de lo que es más abominable a los ojos de Dios. Debido a la misma falta de conocimiento tendremos también muchas deficiencias en nuestra vida diaria; deberes que quedarán incumplidos, nos pondremos a hacer con la gente algunos tratos no correctos, surgirá ausencia de amor en ciertas relaciones y habrá frecuentes manifestaciones de impulsividad, ansiedad y de enemistad. Sin embargo, no nos damos cuenta de esto. Por consiguiente, puede entrar en nosotros la idea de estar satisfechos con nosotros mismos, pudiendo dar por resultado un deterioro ulterior. Es imposible hacer un estimado de la cuantía de las bendiciones espirituales que habremos perdido por no tener una plena comprensión de cuán perfecta y cuán preciosa es la salvación del Señor.

El conocimiento propio es la primera condición para progresar. Porque sólo los que se conocen a sí mismos aspirarán a tener cosas más excelentes... las mejores de Dios inclusive. Los que no se conocen a sí mismos no serán llenos del Espíritu Santo porque no tienen ni hambre ni sed en su corazón. Sacamos, por lo tanto, la conclusión de que el conocimiento propio es absolutamente imperativo.

¿Proviene el conocimiento propio de la introspección?

¿Por qué medios llega la gente del mundo a conocer sus propias faltas? Usando el método de introspección. Tratan de examinar su propia conducta recordando su pasado. En efecto, «se vuelven hacia sí mismos» para escudriñar las intenciones de su corazón y su conducta exterior. La introspección es lo que la gente generalmente llama «examen de conciencia». Sin este ejercicio no tienen ellos forma alguna de conocerse a sí mismos.

Ahora bien, oigo con frecuencia que los creyentes dicen: «Me voy a examinar a mí mismo para ver si algo anda mal». Pero déjenme decirles que la tal introspección no es una obligación cristiana. Al contrario, es una gran decepción. Le ha hecho daño a muchos creyentes. Para demostrarles que la introspección no es una obligación cristiana, formularemos las siguientes preguntas: (1) ¿Se puede hallar en la Biblia algún encargo o algún mandato con respecto a la introspección? (2) ¿Produce realmente la introspección conocimiento de sí mismo? (3) ¿Es provechosa la introspección?

1. ¿Hay en la Biblia algún encargo para hacer introspección ¿Es verdad que la Biblia nunca encarga al creyente a examinarse a sí mismo? Una vez Griffith Thomas señaló que hay tan sólo dos pasajes en toda la Biblia donde se menciona el autoexamen, pero que cada uno de ellos tiene su alcance especial. Veamos ahora esos dos pasajes.

«Por tanto, pruébese cada uno a sí mismo, y coma así del pan, y beba de la copa» (1 Corintios 11:28). Aquí ese «pruébese a sí mismo» no se refiere a que el creyente se vaya a examinar a sí mismo en busca de la santidad. Señala de modo particular al examen que debemos hacer de nosotros mismos con respecto al hecho de que reconozcamos el pan y la copa como el cuerpo y la sangre del Señor cuando nos acercamos a Él para comer ese pan y beber esa copa. Ya que el comer aquel pan y beber aquella copa es un testimonio, debemos examinarnos a nosotros mismos en cuanto a que si recordamos su verdadero significado espiritual, para que no se convierta en un mero rito. De ahí que la introspección de que se habla aquí se hace con el propósito de preguntarnos a nosotros mismos que si nos llegamos a la mesa del Señor es para recordarlo a Él. No nos está haciendo el llamado para que volvamos dentro de nosotros mismos y rebusquemos nuestras faltas con el fin de que podamos hacer progresos espirituales.

«Examinaos a vosotros mismos si estáis en la fe; probaos a vosotros mismos» (2 Corintios 13:5). Una vez más el llamado para que examinemos nuestra condición interior está relacionado a una determinada esfera en particular. En aquella época había mucha gente en Corinto que hablaba mal de Pablo; hasta ponían en tela de juicio su condición de apóstol. Por eso Pablo les pidió que se examinaran a sí mismos para ver si estaban en la fe. Porque si lo estaban, entonces eso mismo constituía la prueba del apostolado de Pablo. Si Dios no lo hubiera llamado para que fuera apóstol de los gentiles, ¿cómo pudieron ellos, que estaban en Corinto, haber sido salvos? Puesto que Dios lo había llamado a predicar el evangelio a los corintios, ellos eran salvos y esa salvación era una prueba de que Pablo era un verdadero apóstol. En el supuesto de que ellos no estuvieran en la fe, entonces él sería un falso apóstol. Así que, la introspección de que se habla aquí no tiene que ver con un autoexamen efectuado en busca de la santidad. Es más bien un acto especial relacionado a una situación especial. Es para comprobar si hay fe.

Sabiendo ahora que esos dos pasajes se refieren sólo a exámenes hechos en determinados asuntos, nos atrevemos a llegar a la conclusión de que la Biblia no encarga a los creyentes a que efectúen introspección alguna.

2. ¿Produce la introspección algún conocimiento de sí mismo? Hasta donde llega nuestra propia experiencia, tenemos que confesar que la introspección no nos proporciona ningún conocimiento propio. En lugar de eso buscaremos en las Escrituras para ver lo que ellas nos dicen al respecto.

«Engañoso es el corazón más que todas las cosas, y perverso; ¿quién lo conocerá?» (Jeremías 17:9). Siendo de tal naturaleza nuestro corazón, ¿cómo puede la introspección ser digna de crédito? Porque estaríamos examinándonos a nosotros mismos con un corazón engañoso, y sería inevitable que fuéramos engañados por ese corazón engañoso. Podemos, por ejemplo, andar mal; sin embargo, el corazón nos estará justificando. O quizá no andemos mal sino que solamente nos encontramos débiles, sin embargo el corazón nos estará condenando como que andamos mal. Si el corazón fuera perfecto, podría servir de norma. Sin embargo, como es tan engañoso, ¿cómo podría servir de regla? El usar una norma tan inexacta para medirnos a nosotros mismos nos ha de llevar, sin lugar a dudas, a ser víctimas del engaño.

Cierta vez, un hombre quiso instalar un tubo en su horno. Midió la longitud con su regla y le pidió al calderero que le preparara un tubo de diez pies de largo. Cuando le fue entregado el tubo, resultó tener un pie de más; no ajustaba. Entonces reprendió al calderero por haberse equivocado. Este lo midió otra vez con su regla y halló que tenía exactamente diez pies de largo. Pero su cliente siguió insistiendo en que tenía un pie de más. Por fin el calderero examinó la regla que tenía su cliente y se dio cuenta de que le habían serruchado un pie de su longitud original. Lo había hecho el hijo de su cliente mientras jugaba con esa regla. No en balde sucedía entonces que la medición siempre acababa por tener un pie de más. Nuestro corazón es como esa regla a la cual le serrucharon un pedazo; no es una norma en que se pueda confiar.

Si realmente queremos examinarnos a nosotros mismos, preguntémonos, ante todo, si somos dignos de crédito. Nuestro yo es tan corrupto que Dios lo considera como algo no bueno. ¿Cómo podríamos emplearlo con propósitos de introspección? Mucha gente considera este ejercicio interior como una virtud, pero permítaseme diferir diciendo que eso es un gran error.

Nosotros debemos darnos cuenta de lo complicadísima que es nuestra constitución interior. Nuestra voluntad, nuestro pensamiento y nuestras emociones —junto con la actuación del corazón— son sumamente complicados. Nos es imposible analizarlos en forma completa y llegar a la comprensión de sus interrelaciones. Dada una situación tan compleja, nuestra introspección nunca podrá darnos un conocimiento propio exacto. Porque cuando nos ponemos a examinar nuestros sentimientos, no sabemos hasta qué punto se hallan afectados por otras cosas o involucrados en ellas. Por consiguiente, el conocimiento que proviene de nuestro sentimiento no es de fiar. Algo que tenga la más leve influencia sobre nosotros puede alterar completamente nuestros sentimientos. Con frecuencia dejamos de hacer un juicio correcto sobre un determinado asunto o estamos faltos de un conocimiento exacto de nuestros motivos debido a la existencia de algún pecado oculto dentro de nosotros, de algún pensamiento equivocado, de algún pequeño prejuicio, de alguna inclinación natural o de otros innumerables pequeños impedimentos. La misma complejidad e inestabilidad de nuestro ser son causa de que seamos inexactos en nuestras opiniones.

Como resultado, a veces nos encontramos con paradojas como estas: Una persona puede ser bastante fuerte en cierta materia y, sin embargo, no darse cuenta de ello y hasta sentirse débil en cuanto a la misma. Por otra parte, esa persona puede ser muy débil en otro asunto y, sin embargo, estar totalmente inconsciente de ello y creerse fuerte en él mismo, a pesar de todo. Estos son casos comunes, pero nos demuestran claramente una cosa: que a pesar de toda la introspección que se haga no se logra un verdadero conocimiento propio.

Tuve un amigo que cuando se convirtió hablaba con frecuencia del amor cristiano. Él se consideraba lleno de amor. ¿Pero quién iba a pensar que, en su propio hogar, él no se hallaba reconciliado en absoluto con su esposa? ¿Creen ustedes que su autoexamen fue digno de crédito? Si nuestro yo no es digno de fiar, nuestra introspección será completamente inútil.

«¿Quién podrá entender sus propios errores?» (Salmo 19:12). Nadie puede. Por nosotros mismos no podemos llegar a conocer con exactitud nuestras faltas.

3. ¿Es provechosa la introspección? La Biblia no sólo carece de mandato alguno en cuanto a la introspección, sino que además nuestra propia experiencia nos dice lo imposible que es hacer introspección. Por lo que a la vida espiritual se refiere, la introspección es muy perjudicial. Puede producir una de estas dos consecuencias: Si el fruto de tal experiencia no es el autocontentamiento, entonces será la desesperación. Autocontentamiento, por considerarse a sí mismos como bastante buenos después de haber hecho ese autoexamen; desesperación, por verse a sí mismos llenos de defectos. No habrá una tercera consecuencia.

«Puestos los ojos en Jesús» (Hebreos 12:2). En el original griego hay algo más que da a entender el prefijo que lleva el verbo de esa cita, y es alejarse, apartarse. La idea es que antes de fijar los ojos en Jesús uno debe apartar la vista de lo que no debe mirar. Nuestra vida espiritual se basa en el hecho de mirar a Jesús y no en el de mirar a nuestro propio interior. Si desobedecemos el mandato de la Biblia mirando a nuestro propio interior en vez de apartar la vista de todo y mirar a Jesús, nuestra vida espiritual se verá grandemente perjudicada.

He dicho antes que el autoanálisis —que consiste en analizar uno sus propios sentimientos, sus propias intenciones y sus propios pensamientos— es perjudicial. Griffith Thomas dijo en cierta ocasión que había una máxima muy famosa en sus días, la cual decía que si uno quería mirarse a sí mismo una vez entonces debía mirar a Cristo diez veces. Permítaseme alterar eso diciendo que uno debe mirar a Cristo diez veces y no mirarse a sí mismo ni siquiera una vez.

Hace dos años leí una fábula acerca del ciempiés y la rana. En medio de la conversación, la rana le preguntó al ciempiés: «Teniendo tú tantos pies, ¿de qué manera caminas? Cuando caminas, ¿cuál de tus cien pies mueves primero?» Así pues, el ciempiés trató de averiguar cuál de sus pies movía primero. Pero por mucho que trató, no pudo mover hacia adelante ni uno solo de sus pies. Llegó a disgustarse tanto que dijo: «Eso a mí no me preocupa. Me voy». Sin embargo, antes que pudiera hacer cualquier movimiento, estaba pensando otra vez en cuál de sus pies iría a mover primero. Se encontraba así completamente paralizado. Un rato después la luz del sol irrumpió a través de las nubes. Cuando el ciempiés vio la luz, su corazón quedó tan cautivado con ella que simplemente echó a correr hacia esa luz. Quedó atrás su preocupación en cuanto al orden del movimiento de sus pies. Estaba en realidad moviéndose hacia adelante. Esta fábula puede servirnos de espejo en cuanto a nuestra vida cristiana. Cada vez que nos ponemos a mirarnos a nosotros mismos, quedamos inmovilizados sin poder avanzar, pero si miramos la luz de Dios, inconscientemente habremos de movernos hacia adelante.

Hace algunos años leí en la revista *Overcomer* [«Vencedor»] un artículo titulado «¿Qué es el yo?» El autor de éste estimó que el yo no es otra cosa sino el hacer memoria de nosotros mismos y el hacer hincapié en nosotros mismos. Esta palabra es realmente profunda y muy práctica. Cada vez que pensamos en nosotros mismos nos hacemos activos en nosotros mismos, pues sabemos que el alma es consciente de sí misma. Después del avivamiento de Gales en 1904-1905, un profesor visitó a Evan Roberts, que era uno de los líderes de este. Estuvieron juntos durante un día entero y hablaron acerca de muchas cosas. Poco después el profesor escribió un artículo en que expuso las impresiones que se llevó del señor Roberts. Llegó a la conclusión de que Evan Roberts era un hombre totalmente inconsciente de sí mismo.

Nuestro fallo consiste en pensar demasiado en nosotros mismos. Sea que recordemos nuestras virtudes o que recordemos nuestras derrotas, las dos cosas impiden que Cristo se manifieste plenamente en nuestra vida.

El camino que conduce a la victoria no es el estar analizándonos continuamente, sino el tener apartada nuestra vista para dirigirla hacia Jesús; no es el estar recordando los malos pensamientos sino el estar rememorando los buenos; no es el deshacernos de lo que es nuestro, sino el dejar que Cristo nos llene de tal manera que olvidemos todo lo que es nuestro. Apenas nos ponemos a enfocar nuestra memoria en nosotros mismos, dejamos de avanzar. La Biblia no nos exhorta a que reflexionemos sobre cómo somos nosotros, sino que por el contrario nos insta a que corramos teniendo apartada nuestra vista para dirigirla hacia Jesús. Si nos ponemos a examinarnos a nosotros mismos nos encontraremos perdidos en la niebla. Si dirigimos la vista hacia Jesús, sin duda alguna correremos bien.

Cuando yo estaba aprendiendo a montar bicicleta, a menudo chocaba contra la pared, y todos los días me magullaba las manos. Debido a eso le pedí a un compañero de escuela que ya sabía montar bicicleta que me enseñara cómo hacerlo. Porque yo tenía el hábito, mientras montaba, de fijar la vista en el manubrio de la bicicleta. Creía que mientras más firmemente sujetara este, más correctamente podría montar la bicicleta. Lo que me intrigaba era que mientras más miraba el manubrio, porque quería que mis manos estuviesen firmes, más me temblaban las manos y más fuera de control corría la bicicleta. Mi compañero de escuela me indicó en qué radicaba mi error: en que yo estaba mirando el manubrio de la bicicleta en vez de apartar la vista y mirar la carretera. Esto explicaba por qué cada vez que yo montaba andaba torcido y por qué mi bicicleta siempre chocaba contra las paredes. Si yo quería montar correctamente y sin dar contra ninguna pared, mis ojos debían mirar siempre la carretera que tenía por delante. ¿No es esto cierto también en cuanto a nuestra vida? Si nos miramos a nosotros mismos seremos, sin duda, derrotados. Siempre debemos mirar hacia adelante.

Se puede atribuir el fracaso de muchos creyentes a la práctica de la introspección. Pues aun cuando no haga ningún otro daño, el autoexamen, al menos, retardará el progreso. Muchos creyentes tienen el hábito de pasarle revista a los asuntos del día cuando éste llega a su término. Esa clase de introspección es engañosa. Pablo se desentiende de la crítica; él ni siquiera se juzga a sí mismo: «Así que, no juzguéis nada antes de tiempo, hasta que venga el Señor, el cual aclarará también lo oculto de las tinieblas, y manifestará las intenciones de los corazones; y entonces cada uno recibirá su alabanza de Dios» (1 Corintios 4:5).

Pablo sabía que tan sólo cuando brilla la luz del Señor es que uno puede discernir lo que es bueno y lo que es malo. Si el creyente persiste en estar haciendo consideraciones sobre sí mismo, lo seguro es que acabará por ser derrotado. Si se pone a pensar acerca de sus virtudes, se ensoberbecerá y se estimará más excelente que sus contemporáneos y cuando se pone a ver sus faltas, quedará abatido y deprimido más allá de toda medida. Pero el conocimiento de sí mismo que proviene de la iluminación de Dios no producirá esos efectos que son del todo adversos.

El método apropiado

Con lo que acabamos de decir no queremos dar a entender que sugerimos que podemos vivir al azar, sin inquirir si es buena o mala nuestra conducta y sin comprobar si nuestra motivación es pura o no. Simplemente queremos dar a entender que la Biblia no nos llama a ser introspectivos, aunque, no objeta el que tengamos conocimiento propio. El estar recordándonos es dañino, pero el aflojarnos es más dañino aun. Dios nunca nos permite ser licenciosos. Aunque Él no quiere que nos entreguemos al autoexamen, Él si quiere que nos conozcamos a nosotros mismos. Porque «cuando él (el Espíritu Santo) venga, convencerá al mundo de pecado» (Juan 16:8). Lo que la Biblia enseña es que no debemos buscar la santidad a través de la introspección; pero la enseñanza de la Biblia no nos disuade de seguir la santidad. La Palabra está opuesta a la idea de adquirir el conocimiento propio a través de la introspección, pero sí es partidaria del conocimiento propio.

El error del hombre está en considerar el autoexamen y el autoconocimiento como cosas inseparables. De ahí que llegue a la conclusión de que rechazar el autoexamen significa rechazar el autoconocimiento. No sabe que el autoconocimiento es necesario, sólo que este no debe venir a través de la introspección. El objetivo es correcto, pero el método ha de ser cambiado.

Como la Biblia no aboga por la introspección, ¿en qué forma podremos adquirir el autoconocimiento? Leamos dos pasajes sacados de los Salmos: «Escudríñame, oh Jehová, y pruébame; examina mis íntimos pensamientos y mi corazón» (26:2). «Examíname, oh Dios, y conoce mi corazón; pruébame y conoce mis pensamientos; y ve si hay en mí camino de perversidad... » (139:23,24). Estos dos pasajes nos enseñan la forma correcta de llegar al conocimiento propio. Si deseamos conocer nuestro corazón y nuestra mente, si deseamos saber si hay algún camino de perversidad en nuestros pensamientos, no debemos gastar tiempo en examinarnos en cuanto a cómo nos sentimos con respecto a nosotros mismos; más bien debemos pedirle a Dios que nos examine, nos escudriñe y nos pruebe para que tengamos un conocimiento exacto de nosotros mismos. El conocimiento de sí mismo no proviene del autoexamen sino del examen que hace Dios.

Estos pasajes nos dicen que si necesitamos tener conocimiento de nosotros mismos *debemos pedirle a Dios que nos informe para tener ese conocimiento*. Este es el conocimiento más exacto, puesto que Dios nos conoce mejor que nosotros mismos nos conocemos, porque «todas las cosas están desnudas y abiertas» (Hebreos 4:13) delante de Él. Hasta los secretos más recónditos de nuestro corazón, que se encuentran más allá de nuestro análisis y más allá de lo que sentimos, no le son ocultos. Si nos fiamos de su visión no resultaremos engañados sino que llegaremos a conocer nuestra verdadera condición.

Únicamente el conocimiento que Dios tiene de nosotros se encuentra exento de todo error. ¿Sabe qué concepto tiene Dios de usted? Se considera bastante bueno, ¿pero cree que Dios piense de usted lo mismo? O quizá se considere muy malo ¿y piensa que Dios esté de acuerdo con usted? Por eso no ha de juzgarse a sí mismo bueno o malo de acuerdo a lo que sienta, porque tal conocimiento es inexacto. Sólo Dios puede decir si usted es realmente bueno o malo.

Dios no quiere que seamos introspectivos. No porque nos niegue el autoconocimiento o nos permita vivir descuidadamente, sino porque sabe que nunca llegaremos a conocernos a nosotros mismos mediante la introspección. Es posible que lo que Dios juzga como malo lo consideremos como bueno; y que lo que condena como inmundo nosotros creamos que es una falta sin importancia. se complace en que tengamos el mismo punto de vista suyo. Por eso no nos tendrá siguiendo nuestros sentimientos inseguros y nuestros juicios inexactos, sino que hará que tengamos la mente del Espíritu para que nuestros juicios sean iguales a los suyos.

La luz de Dios y el conocimiento propio

¿Por qué medios sabemos que Dios nos mira? ¿Cómo podemos entrar en el pensamiento que Dios tiene con respecto a nosotros? El Salmo 36 contiene la respuesta: «En tu luz veremos la luz» (versículo 9). La palabra «luz» se menciona dos veces en este versículo y en cada una de las veces tiene un significado distinto. La primera vez tiene un significado especial, pues es «tu luz», o sea, la luz de Dios. La segunda vez tiene un sentido general, de ahí que no la acompañe ninguna palabra que la especifique. La luz de Dios representa su conocimiento, su punto de vista y lo que Él ve. La expresión «En la luz de Dios» señala algo que es revelado por Dios; el hecho de decirnos lo que Él sabe de nosotros. La segunda palabra «luz» nos señala la verdadera condición de una cosa. De ahí que el significado de este versículo es: Habiendo recibido la revelación de Dios y estando iluminados por su santa luz, nos encontramos capacitados para conocer la exacta situación en que se halla un determinado asunto, porque aparece a nuestros ojos tan clara como la luz. En nuestra propia luz nunca seremos capaces de ver la luz... únicamente en su luz veremos la luz.

Efesios 5:13 nos dice más claramente para qué sirve la luz: «Todas las cosas, cuando son puestas en evidencia por la luz, son hechas manifiestas; porque la luz es lo que manifiesta todo». La luz sirve para manifestar las cosas. Por eso la luz que se menciona primero en el Salmo 36:9 es objetiva en su naturaleza, porque es la luz de Dios. Cuando estamos en esa luz somos hechos manifiestos, haciendo que veamos nuestra verdadera condición. Eso es ver la luz en la luz de Dios. Antes no conocíamos nuestra condición; ahora, teniendo la iluminación de la luz de Dios, la vemos. Muchas cosas que en el pasado creíamos que eran excelentes, ahora que la luz de Dios brilla sobre ellas, vemos que son horribles. Puede ser que nos consideremos mejores que los demás; pero un día, cuando la luz de Dios nos ilumine, no sólo nuestra maldad aparecerá como mala, sino hasta nuestra bondad parecerá ser mala. No es asunto de estar contándole al Señor las cosas después de habernos examinado a nosotros mismos; sino que es estar confesándole al Señor las cosas a raíz de haber sido iluminados por la luz de Dios. Por tal motivo la introspección no es una virtud sino una enorme equivocación. La forma de conocernos no es por introspección sino por la luz de Dios. En su luz podemos obtener conocimiento para conocernos a nosotros mismos. Como la luz de Dios con respecto a nosotros es extremadamente brillante, en su luz habremos de ver todas las cosas tal como las ve Él.

Ahora pues, uno no tiene necesidad de estar inquiriendo cuándo es que viene la luz de Dios, ni le hace falta a uno estar preguntando que cómo puede uno estar seguro de que se trata de la luz de Dios. No es necesario prender una vela o encender una luz para darnos cuenta de que el sol está en el cielo. Si uno se mira a sí mismo, se da cuenta de que está bajo la luz del sol porque el sol ya ha salido. De la misma manera, toda vez que uno se encuentre absolutamente capaz de conocerse a sí mismo —viendo su verdadera condición y dándose cuenta de la corrupción de su carne— uno sabe que ya está en la luz de Dios porque Él le ha dado su luz. Por el contrario, si uno se contempla tan seriamente como se encuentra descrito en la Biblia, y tampoco cree que la carne es débil, perversa y corrompida, como las Escrituras la tienen definida, es señal de que uno no ha recibido la luz de Dios y de que no está caminando en su luz. Mientras uno vea el efecto de la luz, uno sabe qué es la luz y dónde está la luz.

Después que Adán comió del fruto del árbol de la ciencia del bien y del mal, la primera cosa de que se dio cuenta fue de su propia vergüenza, de que se encontraba desnudo. *Era la sensación de su propia conciencia.* Se sentía avergonzado; ¿pero le temía a Dios? No, él todavía seguía su propia manera de hacer las cosas. Se hizo un delantal de hojas de higuera para cubrir con él su vergüenza. Más tarde, cuando se oyó la voz de Dios, que decía: «¿Dónde estás tú?» (Génesis 3:9), Adán se escondió de la presencia de Dios entre los árboles del huerto. Ahora sí que no tenía salida: Ya no podía poner su seguridad en el delantal que se había cosido, sino que tenía que confesar que estaba desnudo.

Aquí vemos que la consecuencia de haber hecho una introspección es al menos, como lo fue con Adán, la percepción de su propia vergüenza; con todo, uno no se sentirá apenado por su pecado, sino que, al contrario, tratará de cubrirlo. Sin embargo, después que Adán fue interrogado por Dios, llegó a conocerse realmente. Dios le preguntó: «¿Dónde estás tú?» ¿Acaso no sabía Dios dónde estaba Adán? Seguro que sí. No obstante, hizo esa pregunta con el fin de darle la posibilidad a Adán de que él mismo supiera dónde estaba. Todos los que son creyentes experimentados pueden testificar que con el autoexamen la gente puede ver algunas de sus faltas, pero tratará de cubrirlas por sus propios medios. Pero una vez que uno es iluminado con la luz de Dios, no le queda forma alguna de esconderse más.

Cierta vez una señora le preguntó a un judío si quería ser salvo. Este le contestó que no. Pero la señora lo persuadió que se arrodillara con ella y orara. Ella le pidió a Dios que capacitara a ese hombre a conocerse a sí mismo. La luz de Dios vino y él empezó a darse cuenta de lo inmundo que era. Llegó a ver sus propios pecados, ¡hasta tal punto que deseaba que la tierra se abriera y se lo tragara!

Este incidente demuestra que, a menos que la luz de Dios empiece a brillar, nadie puede verse a sí mismo como pecador. Hay muchas personas que antes de ser salvas son incapaces de reconocerse pecadoras. A los ojos de otras personas podrá ser una verdadera pecadora; sin embargo ella no se siente así. Únicamente cuando viene la luz de Dios es que llega a conocer lo muy llena de pecado que está. El autorreproche producido por la luz de Dios es realmente algo que está más allá de todo autoengaño.

Puede darse el caso de que una persona esté consciente de que ha pecado. Lo siente en su corazón y lo confiesa con sus labios. Desde un punto de vista humano se la contemplará como que tiene discernimiento de sí misma. Sin embargo, cuando el Espíritu Santo trae la luz de Dios sobre ella, esa persona comienza a darse cuenta de lo superficial que fue su propia confesión de pecado porque todavía no llegó a aborrecer el pecado como Dios lo aborrece. Tan sólo después que es alumbrada es que sentirá plenamente la pecaminosidad del pecado y buscará la forma de ser liberada. Y en este punto permítame dirigirles algunas palabras a los obreros de Dios. Los que trabajamos para Dios no debemos usar nuestros argumentos para convencer a la gente de su pecado. En vez de eso, debemos pedirle al Espíritu Santo que convenza al mundo de sus actos pecaminosos. *Toda forma* de introspección es igualmente superficial, incompleta e inexacta. Únicamente la luz de Dios es la que puede hacer que la gente vea su condición real, tal como Dios la ve.

Los cristianos somos capaces de tener conocimiento de nosotros mismos día tras día, y no por autoanálisis sino por la luz de Dios. Tan pronto como somos alumbrados por su luz, inmediatamente nos damos cuenta de la total depravación de nosotros mismos. Con cuánta frecuencia damos la sensación de ser muy amables para con los demás, pero cuando la luz de Dios cae sobre nosotros, comenzamos a ver no sólo nuestras deficiencias en el amor sino muchos otros defectos también. Muchas veces consideramos nuestras obras de mucho éxito —por haber ganado muchas almas— pero esperemos a que la luz de Dios brille y entonces percibiremos cuán vacías, inútiles y carnales son esas obras. Quizá pensemos que seguimos la voluntad de Dios con sencillez de corazón y no deseamos nada para nosotros. No obstante, cuando la luz de Dios comienza a brillar, nos damos cuenta de que no se ha cumplido la voluntad de Dios.

Una vez le pregunté a una hermana en el Señor acerca de su experiencia en hacer la voluntad de Dios. Me contestó: «Cada vez que Dios se demora en declararme su voluntad, llego a la conclusión de que debe de haber todavía en mi corazón algún motivo impropio o alguna renuencia de hacer su voluntad. Esta es la conclusión a que he llegado como resultado de muchas experiencias». Toda vez que buscamos la voluntad de Dios y no obtenemos respuesta, debemos pedirle a Dios que nos examine, no sea que haya alguna renuencia en nosotros. Y cuando brille la luz de Dios habremos de ver nuestra condición interior. ¿Usted piensa que no hay absolutamente ninguna desobediencia en usted? Usted se tiene engañado a sí mismo. Cada vez que nos lavamos la cara, ¿tratamos de detectar mediante introspección si tenemos alguna pintura blanca o alguna mancha negra o alguna suciedad en ella? ¿No usamos un espejo que nos refleje cualquier cosa que pueda haber en nuestro rostro?

Para vernos a nosotros mismos hace falta que le pidamos a Dios que nos ilumine con su luz en vez de estar examinándonos a nosotros mismos. Con frecuencia damos por sentado que nuestros motivos son perfectos, pero la luz de Dios nos muestra lo egoístas, lo calculadores y lo injustos que somos. Sin la luz de Dios hay veces que consideramos nuestra vida como pasable; en su luz, no obstante, estamos conscientes de lo incapaces que somos. En la luz de Dios veremos, en efecto, la luz.

La diferencia que hay entre un cristiano profundo y un cristiano superficial la encontramos en la medida de la luz de Dios que cada uno tiene; más cantidad o menos cantidad, permanente o temporal. Lo negro es negro y lo blanco es blanco a la luz de Dios. El cristiano superficial puede a veces llegar a conocer su falta en particular, bajo una especial y ocasional iluminación de Dios. Sin embargo, el cristiano profundo siempre se halla bajo la iluminación de Dios y se conoce a sí mismo.

Algunos de nosotros quizá tengan esta experiencia: Cuando oímos el testimonio de algún joven creyente en cuanto a lo mucho que ama al Señor y que todo se lo ha consagrado a Él, a veces tenemos la sensación de que no sabe lo que dice. Todavía tiene que aprender lo difícil que es esta vida de consagración. Él no se da cuenta de lo que le espera en el futuro; habla sólo bajo el impulso de sus sentimientos actuales.

¿No se parece esto a lo que el Señor Jesús les dijo a Jacobo y a Juan? Le habían hecho una petición a Jesús, diciendo: «Concédenos que en tu gloria nos sentemos el uno a tu derecha, y el otro a tu izquierda». Pero Jesús les contestó con esto: «No sabéis lo que pedís. ¿Podéis beber del vaso que yo bebo, o ser bautizados con el bautismo con que yo soy bautizado?» Y replicaron: «Podemos» (Marcos 10:37-39). No tenían idea alguna de la profundidad y de la extensión que tenían las palabras que el Señor les había dirigido. De ahí su precipitada respuesta: «Podemos». Antes de tener la luz de Dios somos como estos dos discípulos. No tenemos idea de lo débiles que somos ni tampoco nos damos cuenta de lo mucho que Dios requiere de nosotros. Creemos que somos capaces de cualquier cosa. Pero cuando la luz de Dios nos alumbra, comenzamos a ver que todo eso que decimos con respecto a muchas cosas o con respecto a muchas verdades, son meras palabras porque no comprendemos en absoluto el significado que tienen.

Cuando la luz de Dios comienza a brillar, no sólo lo que es bueno de nosotros habrá de ser manifestado como que no es bueno, sino que hasta lo que no es bueno de nosotros —aquello que solemos reconocer como tal— habrá de volverse extremadamente feo. A veces estamos bastante conscientes de nuestra debilidad en un determinado asunto. Nos sentimos así y hasta se lo decimos a la gente. Incluso oramos a Dios con respecto a eso. Sin embargo, carecemos de una profunda convicción en cuanto a esa debilidad nuestra; no estamos realmente convencidos de su maldad. Aunque sentimos esa debilidad, somos capaces de seguir viviendo con ella. Sólo después que la luz de Dios amanece sobre nosotros es que tenemos esa visión confirmativa acerca de nuestra debilidad y crece en nosotros una aversión contra la misma. Ya no podemos vivir sin que seamos liberados. La distancia que existe entre el conocimiento propio adquirido a través de la introspección y la que se adquiere en la luz de Dios, es inmensurable.

Así que, amigos míos, sin la luz de Dios cualquier cosa que ustedes sepan acerca de ustedes mismos, es irreal. El autoconocimiento adquirido por autoanálisis representa meramente lo que ustedes piensan de ustedes mismos. Mientras que el autoconocimiento recibido a través de la luz de Dios atestigua lo que Dios piensa de ustedes. Nuestro propio juicio nunca puede ser tan exacto como el que Dios hace de nosotros.

Aquí notamos la diferencia que hay entre la luz de Dios y el conocimiento. El conocimiento muestra lo que *nosotros* conocemos, es decir, lo que nuestra mente comprende. Mientras que la luz de Dios es lo que *Él conoce y nos es revelado por su Espíritu*. Hay un gran número de personas que confunde el conocimiento mental con la luz de que se habla en la Biblia. De ahí que es frecuente oír a la gente decir: «Fulano tiene abundancia de luz, pero su vida no es tan buena». De lo que no se dan cuenta es que la luz no es el conocimiento en sí. ¿Acaso no dice la Biblia que: «El conocimiento envanece» (1 Corintios 8:1)? Pero cuando la luz de Dios alumbra el corazón de una persona, lejos de hacer que se envanezca, hará que esa persona se entristezca para arrepentimiento. Aborrecerá su carne y le pedirá a Dios que la libre de su inmundicia.

Es posible estar llenos de conocimiento bíblico y estar al mismo tiempo totalmente faltos de la luz de Dios. El conocimiento hallado en el poder del Espíritu Santo es luz de Dios. Mientras que la luz de Dios almacenada y memorizada en la mente humana se convierte en conocimiento. Sin duda alguna que el conocimiento, al igual que la experiencia, tienen su lugar en la Biblia. Sin embargo, el conocimiento separado del poder del Espíritu Santo está muerto.

Una vez C. I. Scofield dijo que no había nada más peligroso que divorciar a la verdad del poder. Podemos saber muchas verdades y poseer grandes conocimientos, pero si estos no son en el poder del Espíritu Santo, no tendremos luz que nos muestre nuestra verdadera condición ni que guíe nuestros pasos. En caso de recibir luz de parte de Dios, debemos conservar lo que tenemos en el Espíritu Santo para que pueda ser continuamente lumbrera a nuestro camino, sin que pierda su poder.

Sucede muchas veces que Dios nos otorga luz para que podamos ver la verdadera imagen de una cosa. Nos parece haber visto su sentido más profundo hasta el punto de verlo todo descubierto delante de nuestros ojos. Sin embargo, pasado un tiempo, comenzamos a perder la nitidez de su imagen, aunque todavía retenemos el conocimiento de nuestra experiencia. La luz de Dios salió de la escena; lo único que quedó es el conocimiento. (Nota: aun así, nuestro deber es caminar aunque sea de acuerdo al conocimiento que tenemos. Sin embargo, con esto no queremos sugerir que el conocimiento solo es suficiente, porque la luz es muy necesaria.) La luz es capaz de darnos una profunda impresión que el conocimiento no puede dar.

Para andar en el derrotero de Dios debemos tener la luz de Dios. Nuestros propios sentimientos tienden a disculparnos, si es que no a engañarnos por completo. Seguir nuestros sentimientos en busca de la santidad es como seguir a un guía ciego. Únicamente la luz de Dios manifestará el verdadero estado de un asunto. La luz representa la forma de ver de Dios. Si Dios dice que eso es malo, es malo de verdad. Si Él dice que eso es ciento por ciento malo, entonces es ciento por ciento malo. Antes de venir la luz, uno está pensando; eso no es, por lo tanto, digno de crédito. El estimado de nuestra vida debe venir de Dios.

Después que murió la querida hermana Margaret E. Barber, me legaron su Biblia. En uno de los lugares de su Biblia estaba escrita la siguiente oración: «Oh Dios, concédeme una completa e irrestringida revelación de mí misma». Cuán profunda es esta nota. Sucede muchas veces que nos encontramos, sin justificación alguna, satisfechos con nosotros mismos, porque no hemos visto nada ni reconocemos que los pensamientos de Dios son más altos que nuestros pensamientos. Mientras no estemos en posesión de su punto de vista, simplemente nos estamos engañando. Debemos atrevernos a dejar que Dios nos ilumine para tener así la revelación de nuestro verdadero estado. Fuera de la luz de Dios, no hay otra manera de conocernos a nosotros mismos. Nuestro propio estimado es totalmente inseguro.

2

La fuente de luz

¿De dónde viene la luz?

Ante todo, Cristo es nuestra luz. «Otra vez Jesús les habló diciendo: Yo soy la luz del mundo; el que me sigue, no andará en tinieblas, sino que tendrá la luz de la vida» (Juan 8:12). El Señor Jesús es luz. Siempre que nos acercamos a Él, vemos luz. Cuántas veces nos imaginamos que no hay nada de malo en una determinada cosa, pero cuando llevamos el asunto al Señor y le pedimos que nos revele la verdad acerca de eso, nos damos cuenta de lo malo que está. Día tras día nos ponemos a fantasear de que todo anda bien, hasta que un día nos allegamos al Señor y entonces descubrimos la falta. Porque el primer estimado es nuestra propia medida, mientras que el otro es la medida de Dios. A menos que el cristiano se ponga a orar seriamente, pidiéndole al Señor que le revele su verdadera condición, es casi seguro que nueve de cada diez veces procederá incorrectamente. Mientras más se acerca uno al Señor, en mayor medida recibirá la luz de Dios.

En segundo lugar tenemos que la palabra de Dios es nuestra luz. «Lámpara es a mis pies tu palabra, y lumbrera a mi camino»; «la exposición de tus palabras alumbra» (Salmo 119:105,130). Probablemente estemos bastante familiarizados con estos dos versículos; sin embargo, si meditamos cuidadosamente sobre ellos delante de Dios, llegaremos a apreciar lo profundo que son. En cuanto al camino que uno va a tomar, ¿es el hombre o es Dios el que le dice a uno si eso está correcto o incorrecto? Las obras de la carne no pueden ocultarse de la luz de Dios. No es lo que la gente dice sino lo que la Palabra de Dios dice. Lo que es correcto y lo que es incorrecto no es determinado cada día según nuestros sentimientos, sino que se ha de hacer la decisión mediante la Palabra de Dios. Nosotros no debemos llegar a conclusiones; antes bien, dejemos que la Palabra de Dios juzgue el asunto. Coloquémonos delante de su Palabra y permitamos que ella juzgue y revele. Por eso es que tenemos que estudiar la Biblia con diligencia y debemos depender del Espíritu Santo para que nos descubra su Palabra y podamos así conocernos a nosotros mismos.

En tercer lugar, los cristianos son nuestra luz. «Vosotros sois la luz del mundo» (Mateo 5:14). Por lo regular tomamos estas palabras como que se refieren a la buena conducta del cristiano. En realidad tienen un significado más profundo. Lo que se dice aquí es que el cristiano es luz. Dios es capaz de hacer que se manifieste la verdadera imagen de una persona. Como que vive en la luz de Dios es muy temida por los demás, porque al verla se sienten condenados. A un cristiano débil no le importa encontrarse con otro semejante a él; pero cuando se acerca a uno que vive en la luz de Dios, se siente avergonzado. Bajo esa iluminación su orgullo y su deshonestidad quedan expuestos. Hermanos, nadie puede trabajar para Dios sin tener la luz de Dios. ¿En qué otra forma podríamos jamás acercar a alguien a Dios a no ser que «nuestra» luz brille sobre él? Si vivimos cerca de Dios y nuestra vida es gobernada siempre por la luz de Dios, manifestaremos automáticamente la verdadera condición de los que se acercan a nosotros. Para hacer la voluntad de Dios y realizar su obra es necesario que seamos luz.

Cuando uno se acerca a una persona que vive cerca de Dios, uno siente la presencia de Dios. Tal persona no hace que uno sienta lo fina y humilde que es ella; hace que uno sienta a Dios. Cuando empecé a servir al Señor estaba decidido a hacer la voluntad de Dios. Naturalmente creía que estaba haciendo su voluntad. Pero cada vez que iba a ver a una cierta hermana para hablar con ella y para leer juntos algunos versículos de la Biblia, quedaba inmediatamente convencido de mi insuficiencia. Siempre que la veía, sentía algo especial: Dios estaba allí. Al acercarse a ella, uno sentía a Dios, porque ella tenía luz y su vida era gobernada por la luz de Dios. Cuando uno se ponía cerca de ella su luz lo convencía a uno.

Sin embargo, se ha de tener en cuenta una cosa, y es que la luz que uno recibe viene de la revelación del Espíritu Santo, sin que importe si esa revelación le llega acercándose a Cristo, estudiando la Palabra o juntándose con otros creyentes. Es el Espíritu Santo el que le manifiesta a uno esa inaccesible luz en que Dios habita así como su gloria, santidad y justicia. Es el Espíritu el que hace que nos demos cuenta de cuáles son las normas absolutas de Dios por las cuales podemos vernos a nosotros mismos, ver nuestra verdadera condición y ver nuestras faltas.

El poder de esta luz

El poder de esta luz es para dar autoconocimiento a la gente. Cuando entramos en esta luz, ella nos muestra nuestra verdadera condición.

Hay muchos creyentes que son naturalmente engreídos, autocomplacientes y se jactan de tener justicia propia. Las palabras humanas —como la exhortación, la persuasión, la advertencia y el reproche— son incapaces de ayudarles a que vean su depravación. Tan sólo la luz de Dios que brille sobre ellos puede hacer que se den cuenta de lo perdidos, de lo corruptos y de lo hipócritas que son. Cuando llega la luz de Dios todas las cosas revelan su verdadero color.

Verdad es que nadie puede ser salvo sin que la luz de Dios brille sobre él. Pero tampoco puede avanzar nadie espiritualmente ni trabajar en forma eficiente sin ella. Veamos estos dos asuntos más de cerca.

¿Cómo llega a saber el pecador que el Señor Jesús es Salvador? Sin duda alguna que no es por ninguna argumentación. Más aun, ¿cómo se da cuenta de que es pecador? Ninguna cantidad de lógica, de razonamiento, ni de advertencia alguna hará jamás que el pecador vea su pecado ni que vea al Señor Jesús como su Salvador. No estoy diciendo que todas esas cosas son completamente inútiles, porque sí tienen su lugar. Pero aun así, esas cosas tan sólo pueden tener por efecto un consentimiento mental y no una visión espiritual. Todo pecador está ciego; y esa ceguera le impide percibir el verdadero resplandor del evangelio de Dios. Sin embargo, el Espíritu Santo le abre los ojos para que pueda ver la luz de Dios. El ver es una bendición especial del Nuevo Pacto. El hecho de que Dios revele a su Hijo en mí es una experiencia de la que participan todos y cada uno de los pecadores que han sido salvos.

Cuán fútil es pensar que podemos persuadir a la gente a que acepte el cristianismo, a que crea en el Señor Jesucristo y a que se hagan cristianos mediante hermosos pensamientos y razones, atmósfera caldeada, emociones, música, lágrimas y argumentaciones. El factor principal de una conversión es la luz de Dios, esa luz que es derramada en todas partes por el Espíritu Santo. Porque la necesidad básica de un pecador es *ver* su propia condición, como también *ver* la gloria del Señor Jesús. Lágrimas, remordimiento, fervor, el sentirse maravillosamente... todo eso para nada aprovecha. Únicamente el ver en el Espíritu Santo es lo que puede hacer que él realmente acepte al Señor Jesucristo como su Salvador. Nadie puede creer ni aceptar lo que no ve. Pero después de ver interiormente, ya es capaz de creer. Una fe tal es inamovible y se mantiene firme en la prueba.

De manera similar, el crecimiento de la vida del cristiano no depende tanto de los estímulos, de las advertencias y de las enseñanzas, como si estas cosas levantaran su celo para cumplir sus deberes en cuanto a la oración y la lectura de la Biblia. Todas estas cosas son medios auxiliares y no primarios. El factor principal radica en la *visión* del cristiano. Precisamente por esta razón, lo primero que hizo Pablo cuando les escribió a los creyentes de Efeso fue orar por ellos para que Dios les *alumbrase* los ojos de su entendimiento mediante el Espíritu Santo, aun siendo así que él sabía que ellos estaban bastante bien en el Señor y que no se encontraban tan degradados moralmente como los creyentes de Corinto. El progreso en la vida del cristiano se efectúa cuando se tiene la luz de Dios, cuando se nos abre los ojos para que conozcamos las riquezas de la gloria de Dios y la supereminente grandeza de su poder que nos es dado mediante la resurrección de Jesucristo. ¿Cómo podrá avanzar el creyente en la vida, si no ve la abundancia de la gracia de Dios en Cristo Jesús?

Todos los que realizan obras especiales para Dios son personas iluminadas por Él. Sólo los iluminados saben juzgar su propia carne. Y los únicos usados por Dios son los que juzgan su propia carne. Cuando la luz de Dios llega el creyente comienza a apreciar lo santo que es Dios y lo inmundo que es él, porque ve la justicia de Dios y se da cuenta de su propia injusticia. Viendo la gloria de Dios, uno queda convicto de su extrema depravación. Habiendo obtenido tal conocimiento de sí mismo, uno ya depende por entero, como un verdadero circunciso, del Espíritu de Dios y no se atreve a depender de sí mismo en absoluto. Y, en efecto, no sólo que dejará de confiar en sí mismo, sino que comenzará también a tener un profundo aborrecimiento de sí mismo. Los obreros que están en las manos de Dios y son usados por Él tienen discernimiento espiritual de los planes y propósitos de Dios.

Por carecer de la luz de Dios, hay muchas personas que se creen superiores. Hay veces que Satanás las engaña haciéndolas imaginar que ya han alcanzado la perfección de impecable. Y esto lo hacen porque cuando no se tiene la luz de Dios también se ignora la corrupción de la carne. Creo plenamente que Cristo, siendo nuestra vida, nos capacitará para vencer el pecado por completo. Por eso —según mi punto de vista— ningún cristiano puede excusarse diciendo que no le es posible a nadie que vive en esta tierra no pecar. Pero la posibilidad que tenemos de salir victoriosos sobre el pecado no nos da a entender que ya nuestra carne no sea corrompida.

Un error común es caer en los extremos. Algunos sostienen que por ser tan corruptos, no podemos menos que pecar. Mientras que otros mantienen la idea de que, habiendo aceptado a Cristo como nuestra victoria, nuestra naturaleza pecaminosa ha quedado aniquilada en nosotros y, por tanto, ya no somos corruptos. La verdad es que en Cristo sí somos victoriosos, pero en nosotros mismos somos corruptos. El creyente puede estar viviendo por Cristo día tras día y vivir una vida completamente victoriosa sobre el pecado, pero sentirá al mismo tiempo, día tras día, su propia extrema depravación. El estar consciente de su extrema depravación no le tiene inhibida su victoria, porque es Cristo en él y no él mismo el que es victorioso. Tampoco le quita su completa victoria la conciencia de su total depravación, ya que la corrupción de su carne no cambiará su naturaleza a través de la liberación de Cristo.

Con el fin de ayudar a aquellos que, por haberse engañado en su propia luz mortecina, se creen que son de lo más santos, impecables y perfectos en el amor, escudriñaremos las Escrituras y nos enteraremos de cómo se veían a sí mismos a la luz de Dios muchos de esos excelentes santos que habían llegado a la madurez y que encontramos mencionados allí.

Job. Job era recto; hasta Dios mismo lo dijo así. Durante la prueba por la que pasó, sus tres amigos estuvieron acordes en afirmar que él debió de haber pecado contra Dios. Job por su parte no estuvo de acuerdo y empleó mucho tiempo en argumentar con ellos, tratando de demostrar lo puro y lo justo de su manera de proceder. Todos sabemos que más tarde, cuando se le apareció Dios, él confesó: «De oídas te había oído; mas ahora mis ojos te ven. Por tanto me aborrezco, y me arrepiento en polvo y ceniza» (Job 42:5,6). Finalmente llegó la luz de Dios, de manera que él llegó a saber lo horrible que realmente era. Las palabras humanas no lo pudieron convencer, pero la luz de Dios sí hizo que se humillara.

Isaías. Antes de enviar Dios a Isaías, Él le mostró su gloria. Bajo esta luz gloriosa de Dios el profeta no pudo menos que exclamar: «¡Ay de mí! que soy muerto; porque siendo hombre inmundo de labios, y habitando en medio de pueblo que tiene labios inmundos, han visto mis ojos al Rey, Jehová de los ejércitos» (Isaías 6:5). Durante el tiempo anterior a que viera esta visión sus labios ya eran inmundos y ya había estado habitando en medio de un pueblo de labios inmundos; sin embargo, no estaba consciente de eso. Lo más probable es que se considerase a sí mismo apto para ser profeta por el hecho de estar sirviendo a Dios. Pero tan pronto como la luz de Dios brilló sobre él, empezó a ver su verdadera condición, como también el estado del pueblo que se encontraba a su alrededor. ¿Cómo podría él ser la boca de Dios si sus labios eran tan inmundos? Hasta llegó a exclamar: «¡Ay de mí! que soy muerto». La «santa» voluntad provocará en nosotros nuestro «ay». Ahora bien, después que Isaías hubo recibido tal conocimiento de sí mismo, vino un serafín y le purificó los labios con un carbón encendido. Aquí notamos un excelente orden de cosas: primero el hecho de estar inmundo, luego la luz de Dios, le sigue el conocimiento de que está inmundo, luego la posibilidad de ser limpiado, y finalmente el hecho de ser enviado.

Daniel. Sólo hay dos hombres en la Biblia cuyos pecados no han sido registrados. Daniel es uno de ellos. Esto indica cuán favorecido era de Dios. Aun así, la Palabra nos dice que al ver al Señor «no quedó fuerza en mí [en Daniel], antes mi fuerza se cambió en desfallecimiento, y no tuve vigor alguno. Pero oí el sonido de sus palabras; y al oír el sonido de sus palabras, caí sobre mi rostro en un profundo sueño, con mi rostro en tierra» (Daniel 10:8,9). En la luz de Dios ni el santo de los santos podría estar en pie, sino que habría de caer rostro en tierra.

Habacuc. Cuando Habacuc fue iluminado por Dios, tuvo la misma experiencia, pues dijo: «Oí, y se conmovieron mis entrañas; a la voz temblaron mis labios; pudrición entró en mis huesos, y dentro de mí me estremecí» (Habacuc 3:16).

Pedro. Sabemos lo autosuficiente que era Pedro. Sin embargo, cuando él tuvo la oportunidad de encontrarse con la luz de Dios en el Señor Jesús, no pudo menos que confesar su propia pecaminosidad. Recordemos la historia de lo mucho que estuvieron trabajando toda la noche los discípulos pescadores y no habían pescado. Sin embargo el Señor les ordenó que bogaran mar adentro y que echaran sus redes para pescar. Cuando cumplieron esta orden encerraron una gran cantidad de peces y llenaron dos barcas. Tal manifestación de un rayo de la gloria del Señor hizo que Pedro cayera de rodillas ante Jesús, diciendo: «Apártate de mí, Señor, porque soy hombre pecador» (Lucas 5:8).

Pablo. Este Pablo que había peleado la buena batalla, había acabado la carrera y que había guardado la fe, nos testificó poco antes de su partida de este mundo, diciendo: «Cristo Jesús vino ... para salvar a los pecadores, de los cuales yo soy el primero» (1 Timoteo 1:15). Notemos que la palabra «soy» está en el tiempo presente. Esto nos revela la apreciación que él tenía de sí mismo. Sabía que el Señor Jesús había venido al mundo para salvar a los pecadores, de los cuales él era el primero. No tenía nada de qué gloriarse al no tener ni méritos ni obras. Exactamente igual que los demás pecadores, también fue salvado por la gracia de Cristo. Se consideraba peor que los demás; de ahí que necesitara la gracia del Señor más que cualquier otro. Sin embargo, ¿quién tuvo más luz de Dios que Pablo? Pero, por haber recibido más luz, Pablo tenía más conocimiento de sí mismo que los demás. El que no se conoce a sí mismo se cree santo, superior y especial. No tiene conocimiento de sí mismo porque no ha obtenido la luz de Dios.

Juan. Durante los días que el Señor tenía oculta su gloria en la carne, este amado discípulo suyo estuvo más cerca de Él que los demás. Recordemos que fue el discípulo que se recostó cerca del pecho del Señor. Varias décadas después de la resurrección del Señor, y habiendo rendido un excelente servicio, fue especialmente comisionado por el Señor a escribir una carta que tratase sobre la confraternidad. En esa carta habla de modo particular sobre el amor de Dios y sobre la luz de Dios. Según el criterio de los hombres, un discípulo tal no deberá de tener tanto temor a la luz de Dios como muchas otras personas. Sin embargo notamos que cuando la gloria del Señor Jesús le fue manifestada en la isla de Patmos, vio el rostro del Señor, que «era como el sol cuando resplandece en su fuerza»; y Juan dice: «Cuando le vi, caí como muerto a sus pies» (Apocalipsis 1:16,17). Nadie puede ver la luz de Dios sin caer en tierra.

No es sólo de la Biblia de donde llegamos a saber de hombres que se humillaron, confesaron sus pecados y se conocieron a sí mismos mediante la luz de Dios. Nos enteramos también que en la historia de la iglesia gran número de los creyentes más santos se dieron cuenta de su propia debilidad y corrupción al allegarse a la luz de Dios. Esos cristianos que vamos a mencionar en los párrafos siguientes, por lo general han sido reconocidos como creyentes extraordinarios en la iglesia; sin embargo, su propia visión sobre sí mismos es extremadamente humilde. Esto no se debe sólo al hecho de que cuanto más cerca uno vive de Dios tanto más conoce su propia debilidad. El que recibe más de la luz de Dios invariablemente ve más de su propia corrupción. Los orgullosos y los que tienen su propia justicia no han visto la luz de Dios.

Martín Lutero. Cuando Martín Lutero estaba en la cárcel le escribió una carta a una persona influyente de la Iglesia Católica Romana, diciendo: «Usted quizá piense que ahora me encuentro impotente, ya que el Emperador puede silenciar fácilmente el grito de un pobre monje como yo. No obstante, usted debe saber que, a pesar de todo, habré de cumplir el deber que el amor de Cristo ha puesto sobre mí. No tengo el más leve temor al infierno, mucho menos al papa y a sus cardenales». Viéndose a sí mismo a la luz de Dios, este valiente reformador no pudo dejar de exclamar: «Le temo a mi propio corazón más que al papa y a todos sus cardenales. Porque dentro de mí se halla el mayor papa... ¡yo mismo!»

Juan Knox. Por la causa de Cristo este escocés fue maestro, misionero, prisionero, esclavo, peregrino, reformador y estadista. Fue a la vez uno de los santos más extraordinarios que haya vivido sobre la tierra. En su última oración hizo esta observación: «Yo, Juan Knox, le estoy ofreciendo a mi Dios esta oración, teniendo mi lengua medio muerta pero mi mente perfecta». Lo que sigue son palabras pronunciadas en esa oración: «Oh Señor, ten misericordia de mí. No vayas a juzgar mis innumerables pecados. Perdona, de modo especial, los pecados que el mundo no puede reprobar. Durante los días de mi juventud, en mis años maduros, y hasta la hora presente he pasado por muchas batallas. Me doy cuenta de que en mí no hay nada más que vanidad y corrupción. Oh Señor, sólo tú conoces los secretos del corazón del hombre. Recuerda, por favor, que de los pecados que he mencionado no hay uno solo con el cual me haya quedado complacido. Cada vez que me acuerdo de ellos, me siento apenado; mi hombre interior los detesta profundamente. Ahora lloro por mi corrupción. Lo único que puedo hacer es apoyarme en tu misericordia». Esta es la oración de uno que fue alumbrado por la luz de Dios.

Juan Bunyan. Por predicar el evangelio, Juan Bunyan sufrió prisión durante trece años. En esa prisión escribió lo que el mundo ha llegado a conocer como *El progreso del peregrino* —un libro que ha sido traducido a casi tantas lenguas como lo ha sido la Biblia. Carlos H. Spurgeon dijo de Bunyan lo siguiente: «Me llama la atención el hecho de que el estilo de Juan Bunyan es muy semejante al del Señor Jesús. Nadie lo puede superar». Sin embargo, cuando Bunyan se puso a escribir de sí mismo, hizo oír este lamento: «Después que me arrepentí la última vez, vino otro asunto que me ha causado gran tristeza. Y es que si me pongo a examinar de cerca y con rigor lo mejor de las cosas que ahora estoy haciendo, descubro algún pecado en ellas. Un nuevo pecado se mezcla con mis mejores obras. Por eso no me queda más remedio que llegar a la conclusión de que, a pesar de lo autoengañado e imaginativo que soy en lo que respecta a mí mismo y a mis obras, aun si mi pasado fuera sin mancha, los pecados que cometo en un solo día son suficientes para llevarme al infierno». Profundamente consciente de su pecado, exclamó: «Si no fuera por un Salvador tan grande, ¿quién podría salvar a un pecador tan grande como yo?»

Jorge Whitefield. Era un predicador tan famoso como Juan Wesley. Estando casi al final de su vida, pudo decir estas palabras: «Quiero usar mi vida en la obra del Señor hasta el día de mi muerte porque creo que es digno de que yo muera por Él. Si tuviera mil cuerpos, todos se harían predicadores peregrinos por la causa de Jesús». Cuando tomó por última vez una vela para retirarse, encontró un gran gentío reunido a su puerta, que lo exhortaba a que predicara una vez más. Él sabía que moriría ese día. No obstante, se quedó predicándoles hasta que la vela se apagó. Entonces subió las escaleras y se retiró para morir. Pero veamos lo que pensaba de sí mismo: «En el cumplimiento de todos nuestros deberes se entremezcla la corrupción. Si Jesucristo nos tuviera que aceptar de acuerdo a nuestras obras después de habernos arrepentido, de seguro que ellas nos habrían de condenar. Porque ni siquiera podemos ofrecer una oración a la altura de la perfección que la ley moral de Dios demanda. No se lo que ustedes piensan, pero sí puedo decirles que no se orar, sólo se pecar; no se predicarles a ustedes ni a ninguna otra gente, sólo se pecar. Y me siento forzado a confesar: hasta de mi arrepentimiento me hace falta arrepentirme; hasta a mis lágrimas les hace falta ser lavadas en la preciosa sangre de mi Redentor. Nuestras mejores obras no son sino pecados muy refinados».

Augustus Toplady. Al sacar la cuenta sobre su pecado, este hombre muy piadoso calculó que, en el caso de pecar él al menos una vez por segundo, a los diez años tendría más de trescientos millones de pecados. Por eso escribió un himno glorioso, que ha proporcionado descanso a incontable número de almas cansadas y oprimidas por el pecado. «Roca de la eternidad, fuiste abierta para mí».

Al escribir de sí mismo, Toplady se expresó de esta manera: «Oh, ¿qué otra persona hay en el mundo que sea tan miserable como yo? No dejo otra cosa que debilidad y pecado. No hay nada bueno en mi carne. No obstante, estoy tentado a ser orgulloso. La mejor obra de mi vida ya tiene lo suficiente para que se me condene». Sin embargo, cuando se estaba muriendo de tuberculosis en Londres, puso su cabeza pecadora sobre el pecho del Salvador y expresó: «¡Soy la persona más feliz de todo el mundo!»

Jonatán Edwards. Este cristiano fue muy espiritual y fue grandemente usado por el Señor. Cada vez que predicaba, muchas personas se sentían aguijoneadas en su corazón y lloraban por sus pecados, pidiéndole perdón al Señor. Siendo él una persona extremadamente sincera escribió humildemente las siguientes palabras: «A menudo siento profundamente lo lleno de pecado y de inmundicia que estoy. Debido a ese sentimiento abrumador, a veces no puedo evitar que me ponga a gritar en voz alta. Algunas veces me quedo gritando mucho tiempo. Por esta razón con frecuencia tengo que encerrarme. Ahora siento mi propia maldad y la corrupción de mi corazón aun más profundamente que durante el tiempo anterior a mi conversión. Por lo que a mí se refiere, hace tiempo que he entendido que mi maldad es completamente indestructible y que ha llenado mi pensamiento y mi imaginación. Sin embargo me doy cuenta al mismo tiempo de que mi sensibilidad en cuanto al pecado está simplemente demasiado embotada y demasiado floja. Yo mismo me quedo sorprendido de cómo es que no estoy en posesión de una mayor conciencia de pecado. Mi mayor esperanza al presente es que pueda tener un corazón contrito para que me postre humildemente delante de Dios».

David Brainerd. David Brainerd tenía veinticinco años de edad cuando comenzó a trabajar entre los indios que vivían en territorio no colonizado de América del Norte. Él se afanó, sufrió, oró y ayunó hasta que el Espíritu de Dios se derramó sobre los indios, de tal manera que muchos se convirtieron y vivieron para el Señor. Cinco años más tarde entró en su descanso.

Jonatán Edwards pronunció las siguientes palabras en el sepelio de David Brainerd, su hijo en el evangelio: «Que todos los siervos de Dios y todo el pueblo de Dios vean a este extraordinario hombre en su vida de santidad, en su manera de ser, en su vida de sacrificios y de labor. La forma en que se ofreció a sí mismo para la gloria de Dios, con todo lo que él tenía, así en el corazón como en la práctica. Lo resuelto y firme que él era en toda clase de dolor y de pena, nos sirven de aliento para que sepamos cuán grande es la obra que debemos realizar en la tierra, cuán bellas y preciosas son las experiencias y la forma de conducirnos en Cristo, y cuán admirable es el fin de todo esto».

Sin embargo, en lo concerniente a sí mismo este siervo del Señor hizo esta observación: «¡Ay de mí, porque soy inmundo en mi interior! ¡Ay de mí por mi vergüenza y mi iniquidad delante de Dios! ¡Ay de mí por lo orgulloso, egoísta, hipócrita, ignorante, malicioso, sectario que soy cuando predico; por mi falta de amor, de celo, de benevolencia y de paz!»

Hudson Taylor. El señor Frost, director canadiense de la Misión en el Interior de China, trabajó durante muchas décadas con Hudson Taylor en China. Hablando una vez del señor Taylor, el señor Frost hubo de decir: «He orado con el señor Taylor miles de veces, pero ni siquiera una vez lo oí orar sin que confesara su pecado».

Todos estos vivieron más cerca de Dios que la gente común y, sin embargo, tuvieron iguales sentimientos con respecto a sí mismos que esa gente común. ¿Puedo preguntarles a los muchos creyentes comunes de entre nosotros —a los que no han vivido tan cerca de Dios y no poseen ese sentido de su propia corrupción— si nos sentimos superiores a esos grandes hombres de Dios? Todos habremos de contestar en forma negativa. El no sentir la falta no quiere decir que uno sea bueno. Todo lo contrario, sólo indica falta de conocimiento propio. Estos grandes hombres de Dios sentían tan fuertemente su depravación debido a que estaban especialmente cerca de Dios. Al recibir más luz de Dios conocían esa absoluta norma de su santidad. Estaban, por consiguiente, más conscientes de su propia pobreza que los demás.

¿No nos dice la primera epístola de Juan que «si andamos en luz ... la sangre de Jesucristo su Hijo nos limpia de todo pecado» (1:7)? Estando en la luz, nuestro pecado se hace manifiesto, y entonces necesitamos la sangre de Jesús. Y a continuación leemos: «Si decimos que no tenemos pecado, nos engañamos a nosotros mismos, y la verdad no está en nosotros» (1:8). Todos los que dicen que no tienen pecado son personas que viven engañadas. La razón de esa decepción es que la verdad —la verdad que procede de la luz de Dios— no está en su corazón.

La persona que no se halla bajo la iluminación de la luz de Dios tiende a considerarse buena, santa, perfecta y sin pecado. Si estamos cerca de Dios, como lo estaban aquellos grandes hombres de Dios, nosotros, al igual que ellos, sentiremos que somos inmundos. Porque mientras más cerca estamos de Dios más alta se hace nuestra norma de santidad y más profundamente habremos de reconocer lo que es la inmundicia, la corrupción y la falta de justicia.

La profundidad de nuestra conciencia de pecado va determinada por el grado de luz que recibimos de Dios. Muchas de las cosas que al principio de nuestra vida cristiana no considerábamos que fueran pecados, al crecer en gracia tendremos que reconocer que de hecho son pecaminosas. Lo que el año pasado considerábamos que era correcto ahora entendemos que es malo porque hemos recibido más luz de parte de Dios en el transcurso de este año. Lo que en este momento estimamos como que no tiene nada de malo, en el futuro, habiendo aprendido más de Dios y de su voluntad, puede resultar que sí es malo. No hay cristiano alguno sobre la faz de la tierra que se encuentre enteramente sin falta. Tengamos cuidado para que no seamos engañados por la carne y lleguemos a pensar que ya hemos alcanzado la «perfección de impecables».

El juicio futuro

Sabemos que todos los cristianos habremos de presentarnos en el futuro ante el tribunal de Cristo. Este juicio no tiene que ver con el asunto de que si estaremos eternamente salvos o eternamente perdidos, sino que se hace con el propósito de determinar que si podemos entrar en el reino y qué posición ocuparemos en el reino. Tiene que ver con nuestra forma diaria de vivir y trabajar en Cristo después de haber sido salvos. El recibir alabanza de Dios en el futuro depende de la manera en que obedezcamos la voluntad de Dios hoy. Porque Dios no se complace con nada que se aparte de su voluntad. Por supuesto, el asunto de la recompensa no es más que un pequeño punto. El verdadero problema es si podemos complacer y satisfacer el corazón del Señor. Creo que toda persona salva comparte el mismo deseo de complacer al Señor, aunque esto varía grandemente en intensidad.

Muchos creyentes que aspiran a ganar a Cristo, a menudo dicen despreocupadamente: Esto o aquello es la voluntad de Dios; o, siento que esto o aquello es la dirección de Dios. Amados, ¿saben ustedes que por todas estas cosas un día seremos juzgados, no de acuerdo a lo que decimos, o sentimos, o creemos, sino de acuerdo a lo que realmente es la voluntad divina? El capítulo tres de la primera epístola a los corintios nos dice la forma en que seremos juzgados: «La obra de cada uno se hará manifiesta; porque el día la declarará, pues por el fuego será revelada» (versículo 13). ¿De qué fuego se está hablando aquí? Todos conocemos los diferentes usos del fuego: a veces lo usan para que queme, pero muchas veces lo usan para que alumbre. Porque la obra de madera, de heno y de hojarasca el fuego la consumirá; pero la obra de oro, de plata y de piedras preciosas el fuego la iluminará.

Entenderemos mejor el significado de fuego si compaginamos este versículo de 1 Corintios con Apocalipsis 1:14: «Sus ojos [los del Señor del juicio] como llama de fuego». En el futuro juicio que tendremos, el Señor examinará nuestra obra con su fuego; y sus ojos son como llama de fuego. Esto quiere decir que el Señor juzgará todas las obras que hayamos hecho después de haber sido salvos, de acuerdo a su luz, esto es, de acuerdo a su punto de vista. Su luz habrá de revelar lo que es de su voluntad y lo que no lo es.

Sépase de una vez por todas que delante de Dios no hay nada más que una norma para el bien y para el mal; y esta norma es absoluta, inalterable, inamovible. Todos habremos de ser juzgados de acuerdo a esta norma. Como quiera que nos expresemos, sintamos, creamos o conjeturemos, ese día habremos de sufrir pérdida si lo que hacemos hoy no está realmente de acuerdo con la voluntad de Dios. Porque en la luz de Dios nada queda oculto y nada puede andar mal. ¿Cómo podremos estar en pie *ese día* cuando nos habrá de juzgar con su luz y de acuerdo con su voluntad si *hoy* no tenemos la luz de Dios que nos revele nuestra verdadera condición? Si hoy, que estamos en la tierra, vivimos bajo la iluminación de Dios conociendo su voluntad en todas las cosas, nuestra obra será sin duda alguna recompensada ese día.

Recordemos que la luz de Dios que recibimos hoy para trabajar, es la misma luz por la cual Dios nos habrá de juzgar en el futuro. Para saber si ese día nuestra obra podrá o no podrá estar firme a la luz de Dios, debemos hacernos la pregunta de que si la obra que hacemos hoy está acorde con la voluntad de Dios. Permítaseme recordarles que la luz de Dios nunca cambia. Lo que la luz de Dios condena ahora, contrario a la voluntad de Él, su luz lo habrá de condenar también en el futuro como tal. Lo que la luz de Dios aprueba hoy, dado que es su voluntad, será igualmente aprobado como su voluntad en el día por venir. No corran nunca el riesgo de esperar recompensa en aquel día que aparecerá la luz de Dios, en tanto que hoy están haciendo cosas que no son acordes con la luz de Dios, con la voluntad de Dios ni con el punto de vista de Dios.

Debemos vivir diariamente a la luz de Dios. Cuando decimos que ahora andamos de acuerdo a la luz de Dios queremos decir que andamos de conformidad con la manera de juzgar de Dios. Caminemos y trabajemos cada día con una clara visión de cómo Dios nos va a juzgar en el futuro. Debido a una buena comprensión de aquella escena del tribunal, haremos hoy lo que habrá de tener su aprobación en aquel día futuro y nos refrenaremos de hacer lo que en aquel día habrá de ser condenado.

¡La luz de Dios es la luz de aquel tribunal! Hoy obtenemos conocimiento propio mediante la luz de Dios. Por la luz de aquel tribunal conocemos y hacemos su voluntad. Debemos alabar a Dios y estarle agradecidos por el hecho de que no nos es necesario esperar hasta aquel día para ver la luz de Dios y saber cómo nos va a juzgar, porque podemos ver esa luz hoy —incluso ahora podemos saber lo que Él habrá de condenar o aprobar entonces. El Espíritu Santo viene a morar en nosotros con el propósito de revelarnos la luz de Dios. No tenemos, pues, ninguna excusa.

También Pablo consideraba que el futuro juicio de Dios tiene como base la luz de Dios. Nos dice lo inútil que es hacer las cosas de acuerdo a los sentimientos que uno tiene. «Porque aunque de nada tengo mala conciencia, no por eso soy justificado; pero el que me juzga es el Señor. Así que, no juzguéis nada antes de tiempo, hasta que venga el Señor, el cual aclarará también lo oculto de las tinieblas, y manifestará las intenciones de los corazones; y entonces cada uno recibirá su alabanza de Dios» (1 Corintios 4:4,5).

¡Cuán claro como el cristal es este pasaje! Hermanos, si una persona como Pablo estaba consciente de lo inconfiables que eran sus propios sentimientos, ¿qué diría acerca de usted y de mí? Él concede que ese día, además del brillo de la luz de Dios, tendremos muchas cosas ocultas que eran de las tinieblas y muchos consejos del corazón que pudieron posiblemente influir sobre nuestro trabajo. Únicamente cuando la luz de Dios habrá de brillar en aquel día es que nos daremos cuenta de cuánta influencia tuvieron sobre nosotros esas cosas ocultas. De ahí que nos exhorte en los versículos precedentes a que seamos fieles. Porque si somos fieles, es decir, si estamos dispuestos a pagar cualquier precio para hacer la voluntad de Dios, Él ciertamente nos mostrará su voluntad. «El que quiera hacer la voluntad de Dios, conocerá..». (Juan 7:17), dice el Señor Jesús.

De manera que, hermanos, busquemos ahora la luz de Dios para que no seamos condenados, sino que recibamos plena recompensa en el futuro cuando esa luz aparezca.

Una oración

Ya sabemos lo importante que es hacer la voluntad de Dios. Pero si deseamos conocer su voluntad, tenemos que tener un corazón que quiera hacer su voluntad. Nuestro corazón debe ir apartándose de todo a fin de tener tan sólo una voluntad: la de conocer su voluntad. Cualquier cosa que Dios nos revele, sea ésta buena o mala según nuestra manera de ver, la queremos aceptar. Teniendo un corazón sensible y obediente, Dios nos revelará su voluntad. Porque «la comunión íntima de Jehová es con los que le temen y a ellos hará conocer su pacto» (Salmo 25:14).

Sin embargo, sucede muchas veces que no conocemos nuestro corazón, ni nos damos cuenta de lo engañoso, lo torcido y lo rebelde que es. Nos imaginamos que obedeceremos a Dios y que haremos su voluntad; pero dejamos sin descubrir cuán obstinados somos en lo profundo de nuestro corazón. Por eso nos hace falta clamar a Dios como lo hizo David: «Examíname, oh Dios, y conoce mi corazón; pruébame y conoce mis pensamientos; y ve si hay en mí camino de perversidad, y guíame en el camino eterno» (Salmo 139:23,24).

Únicamente cuando es Dios el que examina nuestros pensamientos, es que llegamos a conocer nuestros pensamientos; únicamente cuando es Dios el que prueba nuestra mente, es que llegamos a conocer nuestra mente. Después de ser así examinados y probados por Él, empezamos a ver el camino de perversidad que hay en nosotros. Así Él nos lo podrá quitar y nos podrá guiar para que andemos en el camino eterno.

Hay muchos cristianos que desean conocer la voluntad de Dios, y hasta se lo piden; pero no la reciben por el hecho de que hay algún camino de perversidad en su corazón. Les falta conocimiento de sí mismos. No se dan cuenta de cuán lleno de malas inclinaciones, de prejuicios, de temor y de concupiscencia está su corazón. Dios no puede revelarles su voluntad. Si le piden a Dios que los ilumine para que puedan conocerse a sí mismos y quitar todos los obstáculos, Dios de seguro que los va a guiar. Aun cuando el conocimiento propio no nos da automáticamente el conocimiento de la voluntad de Dios, nos muestra sin embargo qué es lo que en nosotros nos estorba llegar al conocimiento de su voluntad.

Por consiguiente, el autoconocimiento es indispensable para llegar a conocer la voluntad de Dios. ¿Quién puede conocerse a sí mismo sin la luz de Dios? ¿No es, entonces, este el momento en que debemos orar repitiendo la oración de David?

Tercera parte

La renovación de la mente

1

La mente

El hombre es un compuesto de espíritu, alma y cuerpo. La Biblia nos señala que el hombre tiene un cuerpo como también un espíritu, y un alma como también un cuerpo y un espíritu. ¿Por qué no basta con el espíritu y el cuerpo? ¿Por qué hace falta también un alma? Porque es necesario que el alma esté entre el espíritu y el cuerpo para que sirva de intermediario entre los dos. Lo que Dios quiere que sepamos nos lo da a conocer en la intuición de nuestro espíritu. Porque el espíritu es el órgano que tenemos para estar conscientes de Dios; nos capacita para comunicarnos con Dios y para conocer a Dios. El cuerpo nos fue dado por Dios para que podamos estar en contacto con el mundo y percibir así todas las cosas que hay en el mundo. Pero el alma fue creada con propósitos de autoconciencia, para que seamos conscientes de nosotros mismos. Los seres humanos no somos como los ángeles, que son espíritus incorpóreos. Tenemos un espíritu y un cuerpo, junto con un alma que sirve de regulador entre ellos. De esta manera, cualquier cosa que pertenezca a nuestro espíritu o a nuestro cuerpo viene a ser expresada a través del alma.

El corazón humano

El corazón, según el concepto bíblico, es la conciencia del espíritu del hombre más la mente que se halla en el alma del hombre. El espíritu se comunica con Dios, y es el órgano destinado para conocer su voluntad; mientras que el corazón es el mayordomo del espíritu, cuya finalidad es darle expresión a todo lo que hay en el espíritu. Cualquier cosa que haya en el espíritu viene a ser expresada a través del corazón. El corazón es, por tanto, el eslabón o el lugar de intercambio para las operaciones del espíritu y para las operaciones del alma. Es como el centro operativo de un sistema telefónico adonde vienen a converger y son conectadas todas las líneas. Todo lo que entra en el espíritu le entra a partir del corazón. De ahí que, el corazón es el punto de contacto de todas las comunicaciones. El espíritu se pone en contacto con el alma a través del corazón; y es a través del corazón que el alma transfiere al espíritu lo que ha recogido del exterior. El corazón es el lugar donde se encuentra nuestra personalidad; es nuestro verdadero yo. Siendo así que es el eslabón entre el espíritu y el alma, el corazón lo podemos considerar como el verdadero yo. Conociendo el concepto bíblico del corazón podemos formarnos un juicio de su significado. Leamos entonces unos cuantos pasajes de las Escrituras que tratan del corazón:

«Meditad en vuestro corazón estando en vuestra cama, y callad» (Salmo 4:4). En otras palabras: el corazón es uno mismo. De manera que meditar en el corazón de uno da la idea de lo que comúnmente se conoce como la consulta que se hacen el corazón y la boca.

«Sobre toda cosa guardada, guarda tu corazón; porque de él mana la vida» (Proverbios 4:23). No nos hace falta hacer ninguna otra cosa, sino guardar nuestro corazón, porque de él mana la vida. Todo fruto que vemos en el hombre lo produce el corazón. De ahí que este sea el verdadero yo del hombre.

«¡Generación de víboras! ¿Cómo podéis hablar lo bueno, siendo malos? Porque de la abundancia del corazón habla la boca. El hombre bueno, del buen tesoro del corazón saca buenas cosas; y el hombre malo, del mal tesoro saca malas cosas» (Mateo 12:34,35). El Señor declara que de la abundancia del corazón habla la boca; porque el corazón es el mismo yo del hombre. Todo lo que el pecador hace sale de su corazón; todos los pecados salen del corazón.

«Pero lo que sale de la boca, del corazón sale; y esto contamina al hombre. Porque del corazón salen los malos pensamientos, los homicidios, los adulterios, las fornicaciones, los hurtos, los falsos testimonios, las blasfemias» (Mateo 15:18,19). Lo que brota del corazón contamina al hombre, porque el corazón es inmundo.

¿No es más bien sorprendente que aunque el hombre es un compuesto de espíritu, alma y cuerpo, Dios, en la regeneración, nos da tan sólo un nuevo espíritu y un corazón nuevo, pero no nos da un alma nueva? Dios nos da un espíritu nuevo para que podamos comunicarnos con Él; le da vida a nuestro espíritu muerto para que funcione delante de Él. También nos da un corazón nuevo para que nos capacite a vivir una vida nueva y a tener un deseo nuevo.

Aunque el corazón y el espíritu tienen varias cosas en común, aun así, la Biblia no los entremezcla sino que los mantiene en su respectivo lugar. En Ezequiel leemos: «Os daré corazón nuevo, y pondré espíritu nuevo dentro de vosotros; y quitaré de vuestra carne el corazón de piedra, y os daré un corazón de carne» (Ezequiel 36:26). Dios no dice: Os daré un nuevo corazón y una nueva alma, porque Él juzga que el alma es un órgano que no necesita ser rehecho. Únicamente el corazón del hombre ha de ser creado de nuevo, porque de él mana la vida.

¿Qué se le ha de hacer al espíritu y al corazón del creyente en el caso de que haya pecado? «Crea en mí, oh Dios, un corazón limpio, y renueva un espíritu recto dentro de mí»

(Salmo 51:10). Este versículo nos revela la forma en que Dios mira el corazón y el espíritu del creyente. Si se ha manchado, debe pedirle a Dios que cree en él un corazón limpio. Nuestro corazón tiene que estar limpio y nuestro espíritu ha de ser hecho recto.

Puesto que la Biblia hace tanto énfasis en el corazón, podemos apreciar cuán significativo es el lugar que ocupa en la Palabra. El corazón es de extrema importancia porque es nuestro verdadero yo. Lo que es nuestro corazón es lo que realmente somos. Es la fuente de vida. En él están comprendidas la conciencia del espíritu y la mente del alma. Nos comunicamos con Dios con el espíritu, pero lo que Dios mira es nuestro corazón. Es el factor más esencial en nuestra vida. Decimos que somos salvos; pero ¿cómo somos salvos, después de todo? Creyendo en nuestro corazón. ¿Cómo servimos ahora a Dios? Sirviéndolo con el corazón. ¿A quiénes bendice Dios? A los que son rectos de corazón. ¿Qué es lo que será juzgado en el futuro? Dios va a juzgar las cosas ocultas del corazón del hombre. Por eso hemos de tener un corazón bueno cuando nos allegamos a Dios. Pero para tener un corazón bueno el prerrequisito es tener una mente buena. Y esto nos lleva a considerar de una manera especial este asunto de la mente.

La mente en el Nuevo Testamento

Las expresiones «mente», «entendimiento», «modo de pensar» son traducciones de la palabra «nous» del texto original griego. Se usan veinticuatro veces en todo el Nuevo Testamento. Las expondremos aquí a continuación:

> Entonces les abrió el *entendimiento*, para que comprendiesen las Escrituras.
> Lucas 24:45.

Y como ellos no aprobaron tener en cuenta a Dios, Dios los entregó a una *mente* reprobada, para hacer cosas que no convienen.

Romanos 1:28.

Pero veo otra ley en mis miembros, que se rebela contra la ley de mi *mente*, y que me lleva cautivo a la ley del pecado que está en mis miembros.

Romanos 7:23.

Porque ¿quién entendió la *mente* del Señor?

Romanos 11:34.

Cada uno esté plenamente convencido en su propia *mente*.

Romanos 14:5.

Sino que estéis perfectamente unidos en una misma *mente* y en un mismo parecer.

1 Corintios 1:10.

Porque ¿quién conoció la *mente* del Señor? ¿Quién le instruirá? Mas nosotros tenemos la *mente* de Cristo.

1 Corintios 2:16.

Ya no andéis como los otros gentiles, que andan en la vanidad de su *mente*.

Efesios 4:17.

Vanamente hinchado por su propia *mente* carnal.

Colosenses 2:18.

Que no os dejéis mover fácilmente de vuestro *modo de pensar*.

2 Tesalonicenses 2:2.

Esto, para la *mente* que tenga sabiduría.

Apocalipsis 17:9.

Yo mismo con la *mente* sirvo a la ley de Dios.

Romanos 7:25.

Transformaos por medio de la renovación de vuestro *entendimiento*.

Romanos 12:2.

Pero mi *entendimiento* queda sin fruto.
1 Corintios 14:14.

¿Qué, pues? Oraré con el espíritu, pero oraré también con el entendimiento; cantaré con el espíritu, pero cantaré también con el *entendimiento*.
1 Corintios 14:15.

Pero en la iglesia prefiero hablar cinco palabras con mi *entendimiento*, para enseñar también a otros, que diez mil palabras en lengua desconocida.
1 Corintios 14:19.

Y renovaos en el espíritu de vuestra *mente*.
Efesios 4:23.

Y la paz de Dios, que sobrepasa todo *entendimiento*.
Filipenses 4:7.

Disputas necias de hombres corruptos de *entendimiento* y privados de la verdad.
1 Timoteo 6:5.

Hombres corruptos de *entendimiento*, réprobos en cuanto a la fe.
2 Timoteo 3:8.

Hasta su *mente* y su conciencia están corrompidas.
Tito 1:15.

El que tiene *entendimiento*, cuente el número de la bestia.
Apocalipsis 13:18

La relación que hay entre la mente y el cristiano

¿Qué efecto tiene esta mente sobre la vida del cristiano, sobre su trabajo, su servicio, su caminar y demás? Es un hecho innegable que todos los que creen en el Señor Jesús tienen un espíritu nuevo y un corazón nuevo. Por muy débil o por muy fuerte que pueda ser un creyente, es engendrado de

Dios y posee un nuevo espíritu y un nuevo corazón. De ahí que pueda amar de corazón a las personas y también servir a Dios con el corazón. Es capaz de hacerlo todo de corazón. Sin embargo, con todo lo nuevo que sea su corazón, la parte de él llamada «nous» puede ser que no esté renovada. Según la lógica humana, si el corazón de un hombre es hecho nuevo, su conciencia y su mente, que van incluidas en lo que llamamos corazón, deben de haber sido renovadas también. Pero de hecho eso no es verdad. La parte del corazón llamada conciencia llega a ser nueva al tiempo de la salvación, pero puede ser que no siempre se encuentre nueva ni que posteriormente sea renovada diariamente. Al igual que un vestido acabado de comprar es nuevo, puede ser que más tarde no quede como tal. Uno tiene que realizar trabajo adicional en él para mantenerlo continuamente nuevo. De igual manera, la mente es nueva al tiempo de la salvación, pero después de un tiempo puede ser que no haya permanecido nueva.

Esa experiencia viene a ser compartida por muchos creyentes. Permítame decirle que cuando una persona se salva su conciencia se hace nueva y queda restaurada a su propia función de detestar y de aborrecer el pecado. ¿Pero seguirá siempre siendo nueva esta conciencia? No en forma absoluta. Porque si esa persona pecare y diere lugar repetidamente al pecado, si rehusare escuchar la voz de su conciencia, entonces, tras muchos casos de actuar así, su conciencia dejará de reprobarla; habrá perdido su función. Al igual que es posible que la conciencia sea restaurada y luego pierda subsiguientemente su sensibilidad, también es posible que con la mente suceda lo mismo.

¿Qué es la mente?

¿Qué es esa mente de que nos habla el Nuevo Testamento? Podemos enfocar este asunto desde tres ángulos diferentes: enfocándolo físicamente, podemos decir que los humanos poseemos un cerebro; considerándolo psicológicamente, tenemos una mente; y hablando espiritualmente, tenemos intuición. Lo que pertenece a la materia se nombra cerebro; y lo que pertenece al intelecto o razonamiento se llama mente. Aunque no nos atrevemos a decir que el «nous» representa la totalidad de la mente, no obstante ocupa, sin duda, la mayor parte de ella. Y es a través de la intuición de nuestro espíritu que recibimos las impresiones enviadas de parte de Dios. Esas impresiones recibidas en la intuición van siendo interpretadas y, a la vez, dadas a conocer a nosotros mediante la mente de nuestra alma. Llegamos a conocer la voluntad de Dios a través de la intuición. Pero es necesario que la intuición, como que está fuera de lo racional y de lo sistemático, sea explicada por la mente.

Digamos, en conclusión, que el hombre tiene tres diferentes órganos para adquirir conocimiento: en el cuerpo se encuentra el cerebro, en el espíritu está la intuición y en el alma hallamos la mente. Al practicar la disección del cerebro no encontramos otra cosa que la materia gris y la materia blanca. Y la intuición es algo que a veces sentimos y a veces no sentimos. A veces parece que nos obliga, otras veces parece que nos refrena. Es la entidad que está bien profundo dentro de nosotros. Pero la mente se encuentra entre la intuición y el cerebro: interpreta el significado que hay en la intuición y dirige el cerebro para que lo exprese con palabras. En el caso de que la mente de un creyente sea defectuosa, aun cuando tenga una fuerte intuición y un buen cerebro, pasará la vida desprovisto de toda norma. Pasará sus días en necedades. Y no será capaz de expresar lo que hay dentro de sí mismo ni siquiera durante una predicación. Y todo esto se debe a que su mente no ha sido renovada.

La mente del pecador

Consideremos, ante todo, la mente de un pecador. Tiene

una mente que es corrupta y reprobada (Romanos 1:28; 2 Timoteo 3:8), fútil y vana (Efesios 4:17), carnal (Colosenses 2:18) y corrompida (Tito 1:15). Tal es la condición de la mente del pecador. Pero ahora usted es salvo. Sin embargo, si usted rememora su experiencia anterior a estar salvo, ¿qué se podría decir de la actitud que usted tenía para con Dios? ¿En qué situación se encuentra la mente de un pecador delante de Él?

Supongamos que aquí tenemos a un pecador de lo más necio delante de nosotros y que no conoce casi nada. Pero cuando usted empieza a hablarle de Dios, le va a hacer oposición con toda suerte de argumentos. Insistirá en que no hay Dios. Usted se quedará sorprendido al oír esta aseveración de un necio. ¿Por qué hablará así? Porque su mente se encuentra oscurecida. Su mente está oscurecida y muerta; su espíritu se halla completamente en tinieblas. Él no tiene forma de conocer a Dios y es totalmente incapaz de entender el camino de Dios. ¿Qué es lo que le hace levantar todos esos argumentos contra Dios? Su reprobada, fútil y corrompida mente. Tal es la situación del hombre necio.

¿Pero qué decir del «más inteligente de los hombres», del que puede discutir a Dios filosóficamente? Él profesa saberlo todo, y sin embargo no cree en Dios. Trata de encontrar muchas razones para refutarlo. Se opone a Dios tanto como el necio. Aunque el sabio y el necio son mundos separados entre sí en centenares de cosas, en el asunto de no creer en Dios concuerdan perfectamente. Esto no se debe a ninguna otra causa que al hecho de que ambos tienen la mente oscurecida y de que su espíritu está muerto. Al estar muerta su mente, son incapaces de recibir la luz de Dios. Sus pensamientos se vuelven disparatados e irregulares. De ahí que Dios declare en el caso de los que se pierden, que «el dios de este siglo cegó el entendimiento de los incrédulos, para que no les resplandezca la luz del evangelio de la gloria de Cristo, el cual es la imagen de Dios» (2 Corintios 4:4).

La mente y la salvación

¿Qué significa ser salvo? Simplemente quiere decir conocer a Dios. «Y esta es la vida eterna: que te conozcan a ti, el único Dios verdadero, y a Jesucristo, a quien has enviado» (Juan 17:3). Vida eterna es la capacidad de conocer a Dios. Ser salvos no quiere decir que uno puede hablar sobre ciertas doctrinas; es tener un conocimiento vivo de Dios. Si le pidiéramos al hombre más inteligente y más culto del mundo que converse con un joven creyente que acaba de ser salvo, el primer hombre podrá levantar cientos de argumentos para oponerse a Dios y a los cuales el segundo hombre no tendrá respuesta. Sin embargo, el joven creyente podrá decir: Sé que tengo vida eterna; sé que soy salvo. Esa es la diferencia que hay entre ellos. La mente de un incrédulo se encuentra bloqueada; está falta de luz. Pero en el momento que llega a salvarse su mente recibe luz y de esta manera conoce a Dios. A muchos se les abren los ojos cuando oyen el poderoso evangelio por primera vez. Llegan a conocer que son pecadores y llegan a saber que Jesucristo es su Salvador. Aunque todavía se encuentran incapaces de explicar inteligentemente su experiencia, sin embargo sí tienen el conocimiento de saber que han sido iluminados y de que ahora son salvos. Este conocimiento es la obra de la mente.

Lo que Dios le ha dado a nuestra intuición le es comunicado al cerebro a través de la mente. En el caso de uno que es espiritual. tan pronto como viene el movimiento de Dios en su intuición es instantáneamente registrado en su mente y procesado en su cerebro. Por el hecho de ser salvos, poseemos una clase especial de conocimiento por el cual podemos conocer a Dios. La intuición, la mente y el cerebro operan conjuntamente y en forma simultánea. Tan sólo por razones de claridad es que los hemos descrito en forma separada.

2

La renovación de la mente

Nuestra mente es iluminada al tiempo que somos salvos. Pensamos muchas veces que tener un corazón nuevo nos es suficiente, sin saber que la Biblia dice que es necesario que nuestra mente sea renovada también. Aun cuando nuestra mente llega a ser nueva en la regeneración, ¿habrá sido renovada para que quede así para siempre? Me temo que la mente de muchos salvos no haya sido renovada; las cosas siguen siendo iguales que antes de su conversión.

Debo decir francamente que hoy día los pensamientos de muchos creyentes no difieren mucho de los pensamientos que tienen los pecadores. Con cuánta frecuencia tengo la sensación de que no obstante tener muchos creyentes su espíritu y su corazón nuevos, su mente carece de renovación y actúa igual que la de los pecadores. ¿Cómo puede un creyente esperar ser de alguna utilidad en las manos de Dios si su mente no ha sido renovada? Nuestra mente no sólo debe de ser nueva, sino que ha de ser renovada diariamente también.

El fallo de hoy está en que, aunque en el momento que somos salvos recibimos una tremenda revelación, sin embargo, después de ser salvos nuestra mente no es renovada.

La salvación viene a ser la más grande revelación que hayamos tenido en la vida, ¿pero seguimos recibiendo otras revelaciones en lo subsiguiente? Me temo que muchos no tengan ninguna gran revelación ulterior después de la salvación. La revelación de la salvación es incuestionablemente la mayor revelación que podemos tener en la vida, puesto que nos lleva a la eternidad; ¿pero pasamos por la experiencia de otras nuevas revelaciones?

¿Por qué es que por la luz que recibimos al creer por primera vez en el Señor, somos capaces de confesar nuestros pecados, de afrontar persecuciones, de soportar oposición de parte de parientes como también de parte del mundo, y de dejar el mundo? Oh, es porque esta mente nos ha hecho capaces de conocer la salvación y de vivir en novedad de vida. Y si la luz de esta mente brillara en nuestra vida *diaria*, estaríamos viviendo una vida verdaderamente alumbrada por todo el camino.

Había una vez una mujer que amaba el mundo muy apegadamente; no podía dejarlo por nada. Un día oyó predicar a un hombre. Aunque la predicación no tenía nada de excepcional, el texto que leyó fue el siguiente: «Y esta es la victoria que ha vencido al mundo, nuestra fe» (1 Juan 5:4). Esta palabra captó su corazón. Ella oyó que ese hombre mencionó esta palabra unas siete u ocho veces. Nunca antes sabía lo que era el mundo, pero ese día llegó a darse cuenta de lo que es el mundo. Lo hizo pedazos ese mismo día. Un conocimiento tal es el conocimiento de la mente.

Muchos son incapaces de desechar ciertas cosas porque su mente está falta de luz para que vea lo que realmente son esas cosas. Además, si nuestra mente no coopera, el hecho de que oigamos la Palabra y de que sirvamos al Señor no tendrá valor alguno. Siempre que oímos la Palabra necesitamos la cooperación de la mente. Antes de ser salvos rehusamos creer, a pesar de estar bajo una fuerte persuasión. Pero un día llegamos a creer porque nuestra mente empieza a conocer, y eso no lo podemos contrarrestar. Conocer al único Dios verdadero y conocer a Jesucristo a quien Dios ha enviado: esa es la vida eterna.

Condiciones en que se encuentra la mente no renovada

¿Cuáles son las condiciones en que se encuentra la mente que no ha sido renovada? Las podemos considerar desde tres ángulos: para con los hombres, para con Dios y para con uno mismo. Veremos, de qué manera afecta al hombre su mente no renovada con relación a la actitud que lleva y a la reacción que tiene en estas tres direcciones.

1. Actitud de la mente no renovada respecto a los demás.

Si una persona no tiene su mente renovada, tendrá ideas inexactas en cuanto a los demás. Una de las extrañas actitudes que emergen es que nunca puede confiar en nadie; siempre es suspicaz. Todas las observaciones que salen de su boca revelan una actitud crítica y quisquillosa. Tiene la inclinación de denigrar el valor de las demás personas. Simplemente preguntándose uno a sí mismo cómo uno piensa de las demás personas, ya uno puede hacerse un estimado bastante bueno acerca del estado de su mente. La Biblia nos revela que el Señor Jesús nunca juzga por lo que sus ojos ven ni por lo que sus oídos oyen, porque Él siempre lo decide todo por su sentido espiritual. ¡Cuán dados son, sin embargo, los creyentes hoy día a juzgar a los demás, basados en lo que ven y en lo que oyen! Si nos pusiéramos a examinar las cosas a la manera que Pablo lo hacía, seríamos mucho más felices. Hay un versículo en su epístola a Filemón, que es de lo más precioso: «Oigo del amor y de la fe que tienes hacia el Señor Jesús, y para con todos los santos» (versículo 5). Si un creyente rebaja el valor de los demás, es incuestionable que su mente funciona mal. Hagámonos, por lo tanto, esta pregunta:

¿Nos ponemos siempre a quitarle el valor a las demás personas?

Conocí a un hermano que tenía la costumbre de estimar los regalos que se le daban a un precio inferior del que era su precio original. Por ejemplo, si alguien le daba un regalo que valía dos dólares, lo estimaba como que valía tan sólo treinta centavos. O si se le daba un regalo de treinta dólares, declaraba que su valor era de sólo un poco más de diez dólares. Innumerables son los creyentes que piensan de igual manera. ¿Por qué? Porque su mente es vieja y mundana. La gente de este mundo siempre piensa pobremente de los demás. Sospechan que los demás albergan segundas intenciones detrás de las palabras que realmente pronuncian. Los cristianos no deben pensar de esta manera. Si lo hacen, eso simplemente demuestra que su mente no ha sido renovada todavía; y así Satanás puede obrar en su mente, porque la mente no renovada sirve como centro de operaciones para el enemigo. Cualquier cosa que pertenezca a Adán llega a ser un terreno natural para la obra satánica.

2. Actitud de la mente no renovada respecto a Dios

Teniendo en cuenta las siguientes características, se puede detectar la mente no renovada de un creyente: No es capaz de poner su confianza en Dios; ni de conocer a Dios como una vez conoció al Señor Jesús como su Salvador. Está lleno de dudas: Duda del poder, de la sabiduría y del amor de Dios. Estos tres puntos resumen su actitud en cuanto a Dios. Duda del poder de Dios, haciéndose mil preguntas sobre si Él es capaz de hacer las cosas; duda de la sabiduría de Dios, pensando que Él podría estar equivocado; y duda del amor de Dios, imaginándose que Él no quiere hacer las cosas.

Más aun, este creyente no puede comprender la Biblia ni las enseñanzas de Dios. Su mente se encuentra obstruida; es incapaz de recibir la luz de Dios referente a esas cosas.

De hecho, fue iluminado al tiempo que fue salvo. Y si después de eso su mente se hubiera abierto diariamente a Dios, no se encontraría ahora tan falto de poder ni tan rígido como se encuentra hoy.

Si tuviéramos nuestra mente sin velo, recibiríamos mucha luz. Nuestra mente está deficiente si no recibimos algo nuevo de parte de Dios y tan sólo podemos transmitir lo que hemos recibido de los demás. No digo que no debemos tener a nadie que nos ayude. Yo mismo me siento muy feliz de recibir ayuda de los demás. Tan sólo digo que si no somos capaces de recibir algo directamente de Dios, nuestra mente es deficiente. Nuestra mente tiene que ser alumbrada por Dios, y así nuestro mensaje alumbrará a su vez la mente de las demás personas y les será realmente de ayuda. Por esta razón he dicho que cada uno necesita recibir alguna cosa de parte de Dios en su mente.

Aquel cuya mente no está renovada no conoce la voluntad de Dios. Puede llegar a conclusiones mediante la lógica, pero es incapaz de conocer con su mente la voluntad de Dios. Él debe conocer la voluntad de Dios exactamente igual como le pasó cuando recibió la salvación, que conoció a Cristo como el Hijo de Dios, así como el hecho de que era una persona salva. El conocimiento de la voluntad de Dios ha de ser un conocimiento interior. Muchas veces sí la conocemos, pero somos incapaces de explicarla. Si un campesino recién convertido es llevado ante un intelectual incrédulo, podrá suceder que se vea sujeto durante horas enteras a un ataque contra su fe, sin saber siquiera cómo refutar tal ataque. Sin embargo, ese campesino creyente podrá decir todavía que él sabe que es salvo. Esta es la forma de conocer la voluntad de Dios.

Hoy día hay tantas personas que no conocen la voluntad de Dios. Llego a la conclusión de que ello es debido a una deficiencia en el órgano con que conocemos la voluntad de Dios. El día del Señor es considerado como el más sobrecargado en la industria de la radio. Hay en Europa y en América iglesias que difunden sus sermones por la radio. Esas ondas radiales llegan a todas partes. ¿Por qué en China no las oímos? La única razón es la falta de radiorreceptores lo suficientemente potentes. De la misma manera, la voluntad de Dios llega más nítidamente, pero debido a la deficiencia del órgano que sirve para recibirla, algunos son incapaces de conocer su voluntad. He dicho anteriormente que el creyente es capaz de conocer la voluntad de Dios al igual que es capaz de distinguir el trigo de la cizaña. ¿Por qué, entonces, sucede que algunos no la conocen? Debido al hecho de no tener renovada su mente.

¿Y qué decir de nuestros pensamientos? Que son corruptos. Los cristianos admitimos que, después de ser salvos, debemos tener un corazón bueno, que ofendemos a Dios si tenemos odio o cualquier pecado en nuestro corazón. De manera que tenemos muy presente mantener siempre el corazón alejado de cualquier fallo. Pero olvidamos que nuestros pensamientos han de ser buenos también. ¿Son nuestra mentalidad, nuestra habla, nuestras preocupaciones y nuestro concepto de la vida los mismos que los que teníamos antes de ser salvos? No es mi deseo meterme en los motivos e intenciones del corazón. Tan sólo pregunto si nuestra mente ha pasado por un cambio. Qué extraño es que, aun después de ser salvos, nuestra mente se encuentre tan confusa como antes. No se observa cambio en nuestra habla ni en nuestros pensamientos. Si no llegamos a vencer en el campo del pensamiento, habremos de quedar completamente derrotados.

Una vez una hermana le escribió esto a otra: «Si Satanás logra apoderarse de nuestra vida mental, capturará la totalidad de nuestra vida». Y esto es un hecho, porque las tales palabras fueron dichas a raíz de una profunda experiencia de más de cincuenta años habida delante de Dios. Hermanos, no pensemos que basta con tener buena intención.

Si los pensamientos que sustentamos y las evaluaciones

que hacemos acerca de las personas y acerca de los acontecimientos permanecen sin cambiar después que somos salvos, eso quiere decir que todavía estamos en las garras del enemigo y que no hay manera de que podamos vencer a Satanás.

3. Actitud de la mente no renovada respecto a sí mismo

a) No podemos controlar nuestros propios pensamientos. Los que no tienen la mente renovada no tienen absolutamente control alguno sobre sus propios pensamientos. Muchos cristianos han desperdiciado su facultad de pensamiento. En el caso de que nuestras manos puedan realizar tan sólo ocho horas de labor, pero que esas ocho horas las pasemos haciendo cosas irregulares, no solo estaremos malgastando nuestras fuerzas sino que también estaremos descuidando nuestro trabajo regular. De manera similar, si derrochamos nuestro potencial mental en cosas sin sentido e impropias, no seremos capaces de pensar en las cosas correctas. Cierto hermano me preguntó que por qué no podía concentrarse. Me dijo que a los cinco minutos de estar orando su mente empezaba a andar errante. Le pregunté luego que si sus pensamientos andaban errantes tan sólo cuando estaba orando o le sucedía esto todo el día. Podría contestar por él que sus pensamientos quizás estuvieron dispersos y estuvieron vagando alrededor del mundo durante todo el día. ¿Cómo, pues, podría concentrarse en la oración siendo así que su mente estaba tan confusa durante las doce horas del día? Desde la mañana hasta la noche no era capaz de concebir un solo pensamiento que valiera la pena. Por consiguiente, el creyente cuya mente no se encuentra renovada es incapaz de controlar sus pensamientos. Permítame, entonces, decir enfáticamente que la tal persona no es de mucha utilidad en las manos de Dios. Para llegar a ser buenos creyentes, a los cristianos les hace falta tener renovada su mente.

b) Se vuelve introspectivo. Uno de los más grandes males que puede haber en un creyente es ser introspectivo. Puede ser que se imagine que la introspección es algo bueno, pero en realidad nunca le ayudará a conocerse a sí mismo. Nunca uno puede llegar a tener conocimiento propio con dirigir la mirada hacia su interior. El conocimiento propio nos llega tan sólo por la luz de Dios. Es en su luz que vemos la luz (véase Salmo 36:9). Toda autocrítica y todo autoanálisis, sea que elogie o condene a uno, traerá inquietud a la mente. No será correcto compararme secretamente con otras personas. Cada vez que el creyente mira a su interior su progreso queda detenido. Imagínense simplemente que uno tendría que estarse quieto si uno deseara mirarse a sí mismo mientras camina. Uno no puede proceder en su camino y al mismo tiempo mirarse. Todos los que se ponen a mirarse a sí mismo quedan inmovilizados o se vuelven para atrás. Esto es verdad de modo especial cuando se trata del progreso espiritual. Cualquiera que se vuelve a sí mismo para examinar su interior quedará grandemente desanimado. Se expondrá al peligro si nadie le ayuda a seguir adelante. Hasta podrá imaginarse que no ha sido salvo o que ha cometido el pecado imperdonable. Quizás se engañe suponiendo que Dios lo ha abandonado. Tal será la consecuencia de una mente no renovada.

c) Es incapaz de comunicar la Palabra de Dios. Si nuestra mente no está renovada no seremos capaces de impartir a las demás personas lo que Dios nos ha dado a nosotros. Algunos creyentes son bastante conversacionales. Tienen la palabra correcta para un centenar de asuntos que se gozan en explicar y describir. Hasta pueden ser llamados elocuentes. Pero cuando la conversación se vuelve a los asuntos espirituales son incapaces de aclarar ni siquiera uno de ellos. ¿Por qué es esto así? Porque su mente no se encuentra en condiciones de ser usada por Dios. La mente de ellos es tan débil como lo es el brazo de un niño que no puede levantar diez libras de peso. Aun cuando puedan tener abundancia de pensamientos, estos están tan confundidos entre sí que no saben cuáles vienen de Dios y cuáles no. Ellos mismos entienden lo que han recibido en forma intuitiva, pero no poseen la habilidad de interpretar su conocimiento intuitivo y comunicárselo a los demás. Todo eso es debido a la falta de renovación de su mente. Dios por cierto dará la expresión si quiere que se anuncie su palabra. Con todo, nadie que no tenga su mente renovada puede dar expresión a lo que ha recibido en su interior.

Al creyente le hace falta tener su mente renovada para que ésta lo guíe en su diario caminar, de lo contrario habrá de sufrir mucha pérdida. Puede darse el caso de que no entienda a la gente; de que quizás no llegue a conocer la voluntad de Dios; y de que quizás hasta haga mal uso de su propia persona. Y así no es posible que viva bien. De ahí que todos debemos buscar la experiencia de ese paso de la renovación de la mente. Todas las personas de este mundo se encuentran divididas en salvas y no salvas, en regeneradas y no regeneradas, en las que están en Cristo y en las que están en Adán. Tal diferencia es absoluta y distintiva. De igual manera, la mente de los creyentes puede pertenecer al grupo de los que la tienen renovada o al de los que no la tienen renovada. Y esta diferencia también la vemos claramente definida. Habiendo sido salvos, hace falta que tengamos nuestra mente renovada. Y no sólo una vez, sino renovada diariamente.

En cierta ocasión Dwight L. Moody estaba caminando por la calle. De pronto fue a pedirle al dueño de una de las casas que le permitiera usar la habitación de arriba. Se le dio permiso. Moody subió a la habitación de arriba y oró: «Oh Dios, detén tu mano, porque esto es más de lo que puedo soportar». Si mantenemos diariamente renovada nuestra mente, nos hallaremos que lo que Dios le da a nuestra mente es más de lo que podemos contener. Permítaseme decir otra vez que esta renovación de la mente hay que buscarla específicamente, igual que en el pasado buscamos el nuevo nacimiento. Y al igual que el nuevo nacimiento ha cambiado nuestra vida, de la misma manera esta mente renovada habrá de cambiar nuestro diario vivir.

No crea que una persona naturalmente inteligente progresa más rápido en el conocimiento de Dios que la que es naturalmente torpe. Si el progreso espiritual va a ser medido por la sabiduría natural, todo cae en el reino de la carne.

Nuestro progreso no tiene que ver nada con nuestra sabiduría natural. Si la mente ha sido renovada, uno es capaz de conocer a Dios y las cosas de Dios; y quizá la persona más inteligente no comprenda lo que uno sí ha comprendido. Por consiguiente, busquemos con ahínco la renovación de nuestra mente, pues de lo contrario no seremos capaces de perseverar en lo espiritual.

Antes de ser salvo uno no amaba a la gente. Sin embargo, ahora que ha creído en el Señor, avanza a grandes pasos en amarla. Si tal fenómeno deja de aparecer, dudo que tal persona sea realmente salva. Si una persona es realmente salva será diferente con respecto a asuntos tales como amar a la gente, tener paciencia y servir a los demás de corazón. Anteriormente le gustaba sentirse grande, ahora está dispuesto a aguantar y contenerse. Todo eso se debe al hecho de tener un corazón nuevo. Las demás personas notarán también ese cambio. Habrán de reconocer que esa persona es diferente de lo que era antes. Sin embargo le preguntaría que si su mente ha sido transformada también; que si se siente capaz de concentrarse y de pensar en forma sistemática, o es que su mente permanece sin cambiar. Si este último es el caso, es señal de que su mente no ha sido renovada.

El creyente, sea sabio o torpe, ha de tener una mente mejor, como también ha de tener un corazón mejor. Dios no hace acepción de personas. Él destruirá la sabiduría de los sabios y desechará el entendimiento de los entendidos (véase 1 Corintios 1:19). Él trata al sabio y al torpe en pie de igualdad. Tanto la mente del sabio, como la del torpe, necesitan renovación. Solamente después que nuestra mente queda renovada llegamos a ser capaces de conocer a Dios y su voluntad, y de ver e interpretar lo que Él nos ha enseñado. Así es como avanzaremos en la carrera que tenemos por delante.

En efecto, la diferencia que hay entre una mente renovada y una no renovada es la misma que hay entre una ventana de vidrio brillosa y una sucia. La mente no renovada de un creyente es incapaz de pensar y de hacer lo que la mente renovada de otro es capaz de pensar y hacer. La mente renovada de éste quedará aumentada aunque sea unas cuantas veces en su capacidad pensadora. Su poder de pensar se encontrará grandemente mejorado. De manera que la diferencia que existe entre la mente renovada y la que no está renovada es la misma que existe entre la vida y la muerte, entre el cielo y la tierra. Si nos ocupáramos de nuestra mente con el mismo fervor con que una vez buscamos la salvación, estaríamos viviendo bajo un cielo abierto.

3

La mente y el espíritu

Dios se comunica con nosotros en nuestro espíritu y no a través del alma ni del cuerpo. Debemos conservar nuestro espíritu dispuesto y sensible delante de Dios, a fin de mantener una comunicación viva con Él. Pero de lo que nos interesa tratar ahora es de la relación que existe entre el espíritu y la mente. Toda vez que la mente se encuentre cerrada, el espíritu se encontrará cerrado también. Si la mente se encuentra cerrada, la luz de Dios no le es impartida al espíritu, porque no hay lugar de salida para las cosas que el espíritu pudiera obtener. Es decir, si la mente de un cristiano está enferma, su espíritu acabará por estar igual. Pero no sucede así con el cuerpo: el cristiano puede estar físicamente enfermo sin que esa enfermedad le pueda afectar el espíritu. Muchos cristianos se encuentran en cama durante todo el año; pero aun así, todavía son capaces de percibir la voluntad de Dios, de ser obedientes a Él y de realizar la obra de oración. Pero cuando la mente de un cristiano sufre menoscabo, su espíritu quedará invariablemente estropeado después, porque el primero tiene un efecto instantáneo sobre el segundo.

Hay dos pasajes en la Biblia que nos hablan de la necesidad que tenemos de que nuestro espíritu esté renovado. Sin esta renovación los creyentes hallaremos que es difícil seguir adelante con el Señor. Veamos el primero de estos dos pasajes. Del segundo habremos de tratar en el capítulo siguiente.

> *Esto, pues, digo y requiero en el Señor: que ya no andéis como los otros gentiles, que andan en la vanidad de su mente, teniendo el entendimiento entenebrecido, ajenos de la vida de Dios por la ignorancia que en ellos hay, por la dureza de su corazón; los cuales, después que perdieron toda sensibilidad, se entregaron a la lascivia para cometer con avidez toda clase de impureza. Mas vosotros no habéis aprendido así a Cristo, si en verdad le habéis oído, y habéis sido por él enseñados, conforme a la verdad que está en Jesús. En cuanto a la pasada manera de vivir, despojaos del viejo hombre, que está viciado conforme a los deseos engañosos, y renovaos en el espíritu de vuestra mente, y vestíos del nuevo hombre, creado según Dios en la justicia y santidad de la verdad.*
> (Efesios 4:17-24).

Se menciona dos veces la mente en este pasaje, y en esto es que nos habremos de fijar. La palabra «entendimiento» del versículo 18 en el original griego es *dianoia*; viene de la misma raíz que mente *nous*, con una pequeña variación. ¿Qué diferencia hay entre *nous* y *noia*? *Nous* es el órgano, en tanto que *noia* es la función: al igual que el ojo es el órgano, en tanto que la vista es la función. De ahí que el versículo 17 hable de la naturaleza de este órgano, la mente; mientras que el versículo 18 describa la condición de su funcionamiento, la *noia*.

«Ajenos de la vida de Dios por la ignorancia que en ellos hay, por la dureza de su corazón» (versículo 18). Aquí el corazón es nuestro verdadero «yo», nuestra misma personalidad.

«Los cuales, después que perdieron toda sensibilidad» (versículo 19). Eso significa que se entumecieron, es decir, que se hicieron insensibles. Ese término es de uso frecuente en medicina. Todos los médicos nos dicen que algunas heridas son tan dolorosas que llega un momento cuando el paciente ya no siente dolor. Aunque sus heridas se están pudriendo, ya no sienten el dolor. De manera similar, el corazón de la gente puede llegar a estar tan endurecido que se encuentre desprovisto de toda sensibilidad.

«En cuanto a la pasada manera de vivir, despojaos del viejo hombre, que está viciado conforme a los deseos engañosos» (versículo 22). Eso significa que, habiendo oído la verdad que está en Jesús, ya nos hemos despojado del viejo hombre. Debemos hacer, por lo tanto, lo que está descrito desde el versículo 25 en adelante.

«Y renovaos en el espíritu de vuestra mente» (versículo 23). Con esto sigue la exposición de las cosas que los creyentes ya poseen en Cristo de acuerdo con la verdad que está en Jesús. No sólo nos hemos despojado del viejo hombre, sino que tenemos también el espíritu de nuestra mente en constante renovación. Al espíritu de nuestra mente le hace falta estar renovándose de modo constante, de la misma manera como el viejo hombre está siempre corrompiéndose.

«Y vestíos del nuevo hombre, creado según Dios en la justicia y santidad de la verdad» (versículo 24). Esto contrasta con el versículo 22. También nos dice lo que es real en el Señor. Así pues, los versículos 22, 23 y 24 hablan de los hechos consumados que tenemos en Cristo, mientras que del versículo 25 en adelante encontramos el encargo de cómo debemos conducirnos después de eso.

Por consiguiente, este pasaje nos señala tres cosas importantes: nuestra vida espiritual, nuestro corazón y nuestra mente.

El primero en corromperse es el corazón

Vamos a concentrarnos ahora en lo que dicen los versículos 17 y 18. La mente de los gentiles es vana y su corazón está tan corrupto que ya no tiene ninguna sensibilidad. ¿Pero cómo fue que empezó todo esto? Si llegamos a saber en qué parte tiene su inicio la corrupción estaremos en capacidad de tratar con esa parte en particular. ¿Qué se corrompe primero del hombre: su mente, su vida o su corazón? Si la raíz de todos los males se halla en el corazón, entonces tenemos que tratar primero con el corazón; si es la mente, entonces tratemos primero con la mente; y si es la vida, entonces debemos tratar primero con la vida.

Esos dos versículos nos revelan la secuencia en que sucede la caída. El apóstol exhorta a los creyentes a no andar como los gentiles, que andan en la vanidad de su mente. (Esta vanidad de la mente es lo que comúnmente llamamos «hacer castillos en el aire».) ¿Por qué no debemos andar así? Porque tienen su *noia* (entendimiento) entenebrecida. ¿Por qué tienen entenebrecida su *noia*? Porque se encuentran alejados, excluidos de la vida de Dios. ¿Y por qué se encuentra su vida alejada de la vida de Dios? Por la ignorancia que hay en ellos, por la dureza de su corazón. Descubrimos, por consiguiente, que la enfermedad empieza con el corazón.

Es debido al endurecimiento del corazón que la vida queda alejada de Dios, y a causa de este alejamiento de la vida de Dios el entendimiento queda entenebrecido. Hermanos, toda la corrupción del hombre reside en el corazón. A menudo les digo a mis compañeros en la obra que es el corazón y no la cabeza el que está corrompido. La gente, por lo regular, cree que es la cabeza del hombre la que está corrompida. Pero yo digo que no, sino que es el corazón el que está corrompido.

Los gentiles no creen en su corazón. ¿Y saben ustedes por qué los gentiles no creen en el Señor Jesús sino que levantan muchos argumentos en contra? ¿Será porque no les estamos dando buenas razones para que crean en Dios y en Cristo? De ninguna manera; les estamos dando muy buenas razones, pero el Salmista dijo: «Dice el necio en su corazón:

No hay Dios» (Salmo 14:1; 53:1). No es que su mente sea inadecuada, sino que su corazón dice que no hay Dios. El Señor Jesús les dijo a los judíos cuando estos no creyeron en Él: «No queréis venir a mí para que tengáis vida» (Juan 5:40). Es asunto del corazón y no del razonamiento: es el corazón el que no cree.

Muchos dan su asentimiento a las razones que doy en cuanto al por qué hay un Dios y que el Señor Jesús es el Salvador. Sin embargo, no acaban de creer en Dios y en el Señor Jesús. Esto demuestra que es el corazón y no la cabeza el que anda mal. Es por esta razón que Pablo dice que «con el corazón se cree para justicia» (Romanos 10:10). El Señor Jesús nos dice que «cualquiera que ... no dudare en su corazón, sino creyere que será hecho lo que dice, lo que diga le será hecho» (Marcos 11:23). La cabeza no es el verdadero problema: basta con que el corazón crea. Este corazón es nuestro verdadero «yo», nuestra personalidad. De ahí que la Biblia hable de un «corazón malo de incredulidad» (Hebreos 3:12); no habla de una cabeza inicua de incredulidad. Es el corazón y no la cabeza el que está corrompido. Así pues, los gentiles no creen para salvación. La mente del hombre quedó entenebrecida porque fue su corazón el que se corrompió *primero*.

El corazón y la mente del cristiano

Esto es verdad no sólo en cuanto a los gentiles: es verdad también en cuanto a los cristianos. Hay muchos cristianos que no conocen la voluntad de Dios, no le pueden obedecer y son incapaces de entender la Biblia, simplemente porque algo anda mal con su corazón. El tener la mente defectuosa no es más que un síntoma: el corazón malo es la causa de ese síntoma. No digo que la mente esté completamente libre de achaques; lo que quiero recalcar aquí es que lo más probable es que sea el corazón el que esté enfermo primero. Si se corrige el corazón, la función de la mente quedará corregida también. Es cosa fútil ponerse a tratar el síntoma: la corrección llega a ser eficaz tan sólo cuando la causa es tocada. Vamos a considerar ahora brevemente unos cuantos ejemplos en los cuales podremos ver que si se efectúa la corrección del corazón, la mente defectuosa se volverá correcta también.

1. En cuanto a la obediencia. Tomemos, por ejemplo, el asunto del bautismo. Las Sagradas Escrituras nos dan una clara y exacta revelación sobre el bautismo. Sin embargo, ¿por qué sucede que muchos creyentes no procedan a obedecer la enseñanza de las Escrituras, sino que susciten muchos puntos de vista opuestos? La causa de eso está en el corazón y no en la cabeza. Al oír un mensaje sobre el hecho de que el bautismo es bíblico y de que Dios ha demandado en forma bien definida que lo hagamos, el creyente debe presentarse delante de Dios y decirle en oración: «Oh Dios, si esto es cosa tuya, quiero obedecer». A medida que escudriña la Biblia habrá de conocer la voluntad de Dios y le obedecerá. ¿Pero qué decir de otro creyente que, después de oír esto, lo rechaza como una tontería? Aunque después leyera los pasajes bíblicos pertinentes, no los entendería, porque cada vez que oye a alguno que predica esta verdad, su reacción es la del abogado que está en el tribunal. El primer pensamiento del abogado es cómo refutar la otra parte. No se pone a inquirir que si la parte oponente tiene buenas razones: él sólo se aferra a sus razones. De ahí es que surjan muchas cuestiones debido a los motivos erróneos del corazón.

2. En cuanto a escuchar un mensaje. Si al escuchar un mensaje oímos que se predica algo distinto de lo que nosotros creemos, le debemos preguntar a Dios que si lo que se predica es un error o no. Si no lo es, entonces debemos inquirir de Él la razón de estar *nosotros* equivocados. Nuestro corazón se encuentra en buenas condiciones si podemos ser humildes delante de Dios y capaces de ser enseñados. Aun cuando nuestros pensamientos hayan podido estar equivocados por un tiempo, eso quedará rectificado en breve. Pero si nuestro corazón tiene otra tendencia, si tan sólo desea discutir, entonces hallaremos en la Biblia uno o dos versículos con qué oponernos a lo que se nos ha predicado. Muchos cristianos leen la Biblia en la forma que los abogados estudian la ley. Su finalidad es proteger sus propios intereses. De manera que vuelve a ser el corazón y no la cabeza el que anda mal. Y no porque no puedan pensar, sino porque su corazón ya está inclinado hacia el mal. Así pues, estos van arrastrando su mente, junto con todo su ser, dentro de la zona de peligro.

3. En cuanto a estudiar la Biblia. ¿Hay en medio de nosotros hermanos y hermanas que, a pesar de ser inteligentes, no conocen la Biblia? Yo digo que no conocemos la Biblia porque nuestro corazón es defectuoso. Porque el Espíritu Santo nos guiará a toda la verdad. Me pongo a pensar que por qué será que hay personas que no pueden entender las Escrituras. Si no es a causa de la mala inclinación de su corazón, ¿qué otra cosa podría ser? Algunos quizás sean demasiado subjetivos para dejar que la luz de la Palabra de Dios brille en su mente. No obstante eso, fue el corazón el que se corrompió primero. Porque lo que hace la mente es seguir la corriente. Un corazón lleno de prejuicios corrompe la mente.

Se ha hecho la sugerencia de que la caída de Eva, registrada en Génesis 3, no empezó en el momento que comió del fruto prohibido, sino que empezó cuando tuvo el mal deseo en su corazón. De manera que, cuando estaba hablando con Satanás, su corazón ya se encontraba descontento con Dios y por lo tanto ya estaba corrupto. Por eso Génesis 6 declara que «Y vio Jehová que la maldad de los hombres era mucha en la tierra, y que todo designio de los pensamientos del corazón de ellos era de continuo solamente el mal» (versículo 5). La mente es mala porque el corazón se ha corrompido primero.

Cierto hermano hizo notar una vez que Eva cayó antes de comer del fruto prohibido, puesto que en la conversación que tuvo con Satanás ella agregó «ni le tocaréis» a lo que había dicho Dios. Eso indica que ya su corazón estaba inclinado hacia el mal. Dios no dijo sino hasta Génesis 6 que el designio de los pensamientos del hombre era malo. Porque es primero el corazón el que se inclina hacia el mal, luego el hombre queda alejado de la vida de Dios, y finalmente su imaginación y sus pensamientos se vuelven corrompidos. El cristiano cuyo corazón es correcto es capaz de recibir la luz de Dios que le llega de la Biblia, para que conozca fácilmente la voluntad de Dios y para que obtenga de Él la más abundante gracia.

4. *En lo referente a escuchar a los demás*. Al sostener una conversación con una persona uno puede detectar si la mente de esa persona funciona bien o mal. La que es capaz de escuchar, tiene una mente sana. La mente de algunos cristianos es como una rueda que gira sin parar durante todo el día. No son capaces de escuchar, y menos de absorber, lo que la gente le dice: lo único que hace su mente es suscitar dudas; en vez de recibir la verdad. Una condición de esa naturaleza es prueba de que su mente funcional mal. Y una mente que funciona mal es señal de que el corazón está enfermo. Sucede muchas veces que a alguien le gusta interrumpir las conversaciones y cortarles la palabra a los demás. Esto también es una revelación de que estamos frente a un corazón lleno de problemas. Ahora bien, aun cuando es permisible interrumpir ocasionalmente y añadir una que otra palabra durante una conversación para expresar nuestra aprobación o desaprobación, el que hace así con *frecuencia*, muestra pruebas de tener un serio problema en el alma.

La mente debe de estar defectuosa si los pensamientos

van girando incesantemente en la cabeza durante todo el día. Estando en tal condición, somos incapaces de oír lo que Dios o los demás nos dicen. La razón de esta enfermedad reside en el corazón. Es porque se tiene un corazón de autocomplacencia, de autosuficiencia, confiado en sus propias habilidades. Si abrigamos pensamientos preconcebidos, es natural que no seamos capaces de oír las palabras de los demás. Esta incapacidad de oír es síntoma de que tenemos la mente defectuosa, lo que, a su vez, se debe a que el corazón anda mal.

Sabemos que todo lo que oímos en el exterior tiene que ser trasmitido al interior. Sólo en esta forma habremos de entender lo que oímos. Ese trabajo de transmisión o transferencia es similar al de hacer traducciones. Si una persona no entiende el inglés que ha oído, le hace falta que alguien se lo traduzca al chino. Y esta operación de traducción se realiza muy rápidamente dentro de nosotros. Ahora bien, en el caso de que una persona no entienda lo que ha oído, ello se debe al fallo que ha tenido su mente en traducir. Si lo ha oído y lo ha oído mal, es señal de que la mente ha interpretado mal.

Una vez estaba yo predicando en cierto lugar. Le estaba diciendo al auditorio que éramos salvos por lo que Cristo había hecho por nosotros, y no por nuestras propias obras. Entre el público habla dos taoístas que después les dijeron a los demás que lo que yo había predicado no era otra cosa que persuadir a la gente a que hiciera el bien. Hay muchos que no pueden aceptar la Palabra de Dios porque su interior ya está lleno a toda capacidad. Estos nunca serán capaces de entender la Palabra de Dios si lo que ya tienen en su interior no es echado fuera. Delante de Dios nuestro corazón ha de ser como el de un niño: humilde y capaz de recibir la enseñanza. Nuestra oración debe ser ésta: «Oh Dios, no sé si la palabra que fue predicada es buena o mala, correcta o equivocada. Sólo te pido que me des el juicio para que pueda yo conocer lo que es correcto y lo que es erróneo». Teniendo una actitud tal, habremos de ver lo que Dios quiere que veamos. Muchos creen que no pueden entender la verdad porque su mente es inadecuada para eso, y no se dan cuenta de que la causa radica en que tienen defectuoso el corazón.

5. *En cuanto a los pensamientos*. Algunas mentes piensan demasiado, en tanto que otras se encuentran demasiado vacías. A veces la gente es demasiado aguda en sus pensamientos; otras veces es demasiado lerda para realizar cualquier tipo de pensamiento. Por lo general, la mente del cristiano se encuentra en uno u otro de esos dos estados. Si no es que sus pensamientos están girando sin parar, entonces es que se encuentra sin pensamientos de ninguna clase. Algunos creyentes tienen una memoria tan pobre que las actividades de su vida dependen de los apuntes que han hecho en su libretita de notas. Personalmente no estoy contra el uso de apuntes, pero si un creyente tiene que depender a diario de ese recurso para ayudarle a recordar, algo anda mal con su mente. Los creyentes no deben ser esclavos de sus libretitas de notas. Hay veces que todos, por supuesto, nos olvidamos de algo, pues hay cosas que no dejan impresiones lo suficientemente profundas en nuestra mente y, por tanto, pronto quedan olvidadas. Eso es natural. Pero si la impresión es lo bastante profunda y ni aun así podemos recordarla, es que algo debe de andar mal.

Ser incapaces de recordar y extremadamente olvidadizos son condiciones anormales. Toda persona que no puede pensar tiene cierta anormalidad en su mente. Excepto que estemos paralizados, podemos usar las manos y los pies. De igual manera, a menos que nuestra mente esté enferma, debemos ser capaces de usarla. Uno llega a ser pasivo en su mente si es incapaz de pensar en nada por su cuenta, sino que tiene que ser mandado por otro para que lo haga. Si el creyente se encuentra incapacitado para pensar, su mente está enferma; y su mente está igualmente enferma si siempre está pensando. La incapacidad de iniciar el proceso de pensar y la inhabilidad de detenerlo son condiciones anormales. La mente de algunas personas se encuentra tan embotada que no pueden pensar en nada; mientras que la mente de otras se encuentra tan activa, que no pueden interrumpir en absoluto su proceso de pensar: ambas están igualmente enfermas.

El peligro de una mente no renovada

He mencionado brevemente tan sólo algunos de los síntomas que puede tener una mente enferma. A todos estos síntomas se les puede hallar su origen en el corazón. Muchos encuentran que su mente está embotada y decaída porque su corazón es perezoso. Eso se parece a lo que les pasa a los pacientes a quienes les gusta estar enfermos después de un largo período de enfermedad: les gusta más estar enfermos que tener que levantarse e ir a trabajar. Cuando la mente de una persona está cansada y sobretrabajada, ya no puede pensar: necesita tener un descanso apropiado. Pero si nunca le gusta trabajar es señal de lo perezoso que habrá de ser su corazón. Pensar demasiado, así como no pensar en absoluto, es evidencia de tener una mente defectuosa, que a su vez, es evidencia de tener un corazón no correcto.

En Efesios 4 el apóstol declara que, debido al endurecimiento de su corazón, los gentiles se encuentran ajenos de la vida de Dios, y la luz de Dios es incapaz de brillar sobre su mente. Sin la luz de la vida de Dios, su mente se vuelve vana y el funcionamiento de su mente queda entenebrecido. Pero su mente cae en tan terrible estado porque su corazón está endurecido. Tal es la situación de los gentiles. El peligro que enfrentan los creyentes delante de Dios es caer en la misma situación difícil que tienen los gentiles.

4

Cómo efectuar la renovación

Nos preguntaremos ahora: ¿Cómo puede ser renovada la mente? Tenemos una vida nueva; tenemos un corazón nuevo; nuestra mente ha sido renovada e iluminada por Dios al menos una vez. Lo que necesitamos al presente es tener nuestra mente abierta para Dios día tras día para recibir todo lo que proviene de Él, para conocer su voluntad, para comprender su corazón y para entender sus enseñanzas. Hermanos, ¿quieren ustedes conocer la voluntad de Dios?, ¿el corazón de Dios?, ¿las enseñanzas de la Biblia? Si ustedes realmente desean eso, el corazón de ustedes ha de ser renovado.

En nuestro pasaje sacado de Efesios, el apóstol nos instruye que, habiendo oído a Jesucristo y habiéndonos sido enseñada la verdad en Él, debemos practicar lo que hemos oído. Por lo tanto, las exhortaciones que encontramos a partir del versículo 25 en adelante, están todas basadas en la enseñanza comprendida entre los versículos 20 y 24. Es decir, que los versículos comprendidos entre el 20 y el 24 nos muestran la posición que tiene el cristiano en el Señor, en tanto que los versículos a partir del 25 en adelante nos hablan de la conducta que el cristiano, poseedor de tal posición, ha de tener en el mundo. En lo que al *hecho* se refiere, nosotros en el Señor ya nos hemos despojado del viejo hombre; pero esto no quiere decir que en la experiencia no habremos de ver más la sombra del viejo hombre. En cuanto a su posición, nuestra mente ya ha sido renovada; pero esto no implica que nuestra mente no tenga necesidad de ser renovada continuamente. Por el contrario, la renovación de la mente es una necesidad constante.

Despojaos del viejo hombre

«En cuanto a la pasada manera de vivir, despojaos del viejo hombre, que está viciado conforme a los deseos engañosos, y renovaos en el espíritu de vuestra mente» (Efesios 4:22,23). La expresión «el espíritu de vuestra mente» indica la relación especial que existe entre la mente y el espíritu. Con el fin de renovarnos en el espíritu de nuestra mente nos hace falta despojarnos del viejo hombre. Si no hemos pasado por la experiencia de despojarnos del viejo hombre, no podremos experimentar la continua renovación de nuestra mente.

Despojarse del viejo hombre es algo específico. Si el creyente desea preguntarse si su mente ha sido renovada o no, lo único que tiene que hacer es preguntarse si alguna vez se ha despojado en forma irrevocable del viejo hombre en cuanto a su manera de vivir, y se ha vestido del nuevo hombre. De acuerdo con eso, este pasaje nos indica que tenemos que despojarnos del viejo hombre en forma específica si deseamos tener renovada nuestra mente. Y para estar seguros de recibir una continua renovación, hace falta ser persistentes en estar despojándonos del viejo hombre. Al igual que cuando nos desvestimos decidimos echar a un lado nuestra ropa, así también tenemos que ejercitar nuestra voluntad para echar fuera al viejo hombre. Cualquier cosa que le pertenezca al viejo hombre, sea ésta pensamiento, palabra u obra, ha de ser rechazada de continuo; sea esta cosa pecado, inmundicia o el «yo», es necesario que sea negada. Por otra parte, debemos pedir también en forma definida y confiar de todo corazón que el Espíritu Santo habrá de renovar nuestra mente. Esta renovación de la mente es obra del Espíritu Santo. Si nos deshacemos del obstáculo despojándonos del viejo hombre y luego confiamos en que el Espíritu Santo hará la obra de renovación, Él la hará por nosotros.

Quisiera llamarles la atención sobre una cosa: Lo que dice Romanos 6 referente al viejo hombre es distinto de lo que se dice aquí. Romanos 6 habla del hecho consumado en el Señor, cuando dice que nuestro viejo hombre fue crucificado. Así es como requiere que lo consideremos, es decir, que lo creamos. Sin embargo aquí no se trata del hecho de que [nuestro viejo hombre] fue crucificado, sino que considera el hecho de despojarnos [del viejo hombre]. El hecho de haber sido crucificado es algo para creer, por lo tanto es asunto de *fe*; mientras que el hecho de despojarse es asunto de voluntad, porque para que nos despojemos de algo hace falta que pongamos en ejercicio la *voluntad*. Debemos, por lo tanto, no sólo creer que nuestro viejo hombre fue crucificado, sino que también lo debemos arrojar a un lado con una demostración especial de nuestra voluntad. Esto no dará resultado si meramente tenemos la fe pero no la voluntad de despojarnos del viejo hombre: la voluntad es tan necesaria como nuestra fe.

Tratar con el pecado del corazón

Hay otra cosa en que debemos fijarnos también: siendo que todos los defectos de la mente provienen del corazón del hombre, si el corazón está dañado, éste tiene que ser corregido antes de que la mente pueda ser renovada. Un corazón anormal puede impedir el paso de la luz de Dios. Al igual que una simple hoja puede bloquear el paso de la luz, de la misma manera un pequeño pecado es capaz de tapar la luz de Dios. Muchos han tenido pecado en su corazón. Pero si el creyente trata apropiadamente con tal pecado, se corrige su corazón y de ahí en adelante podrá conocer la voluntad de Dios. Todo el que no conoce la voluntad de Dios lo primero que descubre es que su corazón está corrompido.

¿Quién es el hombre a quien Dios puede impartirle enseñanza? El que está dispuesto a decirle: «Oh Dios, te doy gracias si Tú quieres enseñarme ahora. Pero aun cuando Tú no me vayas a enseñar en este momento, estoy dispuesto a dejarla pasar [tu enseñanza]». El que es capaz de ser enseñado delante de Dios, cuando oye un mensaje inquirirá de Dios de esta manera: «Oh Dios, ¿estoy equivocado? ¿Es correcto lo que se ha predicado?» Con oír un mensaje se puede muy bien comprobar la corrección del corazón.

Lo más precioso que hay en una mente renovada es que ésta puede abrir o cerrar su pensamiento. Una mente que ha sido renovada puede, en cuanto a Dios, conocer la voluntad de Dios; puede, en cuanto a sí misma, controlar su propio pensamiento; puede, en cuanto a los demás, discutir y entender lo que se está diciendo

Vestíos del nuevo hombre

«Y vestíos del nuevo hombre, creado según Dios en la justicia y santidad de la verdad» (Efesios 4:24). Esto se refiere a una conducta positiva. Si queremos tener una mente renovada y tenerla siempre renovada, es necesario que pasemos por la experiencia de vestirnos del nuevo hombre. Esto también es un acto de voluntad. ¿Qué quiere decir vestirse del nuevo hombre? Nuestro nuevo hombre ha sido creado en la justicia y la santidad de la verdad. La justicia es pertinente a la forma de ser de Dios, en tanto que la santidad se refiere a la naturaleza de Dios.

A Dios se le conoce en tres diferentes aspectos: en su

gloria, en su santidad y en su justicia. La gloria señala a Dios mismo, la santidad se refiere a la naturaleza de Dios y la justicia indica su modo de hacer las cosas. Es absolutamente cierto que hemos sido creados a la imagen de Dios; pero eso queda restringido a la justicia y a la santidad de Dios. No podemos tener parte en la gloria de Dios, ya que la gloria es su Divinidad misma; pero sí habremos de tener la santidad de Dios y la justicia de Dios. Para que lleguemos a ser como Él, debemos dejar que la naturaleza de Dios obre en nosotros y que obre a la manera suya.

¿Cuántos creyentes tienen hoy día un profundo sentido de lo que es el pecado? Me avergüenzo de tener que confesar que mi sensibilidad para con el pecado no es lo bastante profunda. La señorita Barber era una de esas personas que realmente sabía lo que es el pecado y lo que es la santidad de Dios. Una persona podía ser orgullosa y envidiosa toda la vida, sin advertirlo siquiera, hasta que llegaba a esta hermana: entonces se enteraba de lo que antes no estaba consciente. Ella aborrecía el pecado en la forma más vehemente y lo trataba de la manera más habilidosa. Por ser extremadamente estricta consigo misma, podía ser de lo más comprensiva con los demás. Tan pronto como uno se acercaba a ella empezaba a ver lo que son en realidad el orgullo y la envidia. Esta hermana conocía de veras a Dios. Muchas veces no aprendemos la verdad por lo que se predica, pero sí la llegamos a aprender por lo que se vive.

Si dejamos pasar un pecado la primera vez, y una segunda vez, y luego otra vez más, acabaremos por perder el sentido de lo que es el pecado. Pero si llamamos pecado al pecado y lo tratamos como tal la primera vez que aparece, nos encontraremos capacitados para tratar con él la segunda vez. Todos los que no conocen lo que es el pecado tampoco conocen lo que es la santidad. Porque santidad es el conocimiento de lo que es el pecado. Antes de que Adán y Eva pecaran, su estado era neutral, no santo. Sólo después de conocer el pecado llegaron a comprender lo que significa santidad.

¿Qué es injusticia? Es lo que no debe hacerse. No sabía lo que es la injusticia hasta que leí un relato en un periódico. Un hombre fue a oír a cierto predicador en la iglesia. Cuando éste terminó su mensaje bajó de la plataforma y fue a sentarse junto a él. Pero mientras iba hacia su asiento, el predicador pisó sin querer el impermeable de una dama que se encontraba en la primera fila. Lo echó a un lado con el pie sin tratar de limpiarle la suciedad, ni se disculpó con la dueña de aquella capa de agua. El otro hombre emitió un juicio sobre el incidente, diciendo lo injusto que era ese predicador. ¿Qué es injusticia? Es deberle algo a la gente. Si no se le va a pagar (su impermeable) a la dama, se debe, al menos, tratar de limpiárselo; de lo contrario, siempre quedará debiéndosele algo delante de Dios.

En vista de esto, nuestra mente se encuentra estrechamente relacionada con nuestra vida delante de Dios. Toda vez que pasamos por alto un pecado nos hacemos injustos: no podemos tener comunión con Dios y al mismo tiempo tener nuestra mente oscurecida. En lo que a la parte negativa se refiere, los creyentes debemos despojarnos de toda inmundicia, de toda intención perversa, de toda injusticia; y en lo que a la parte positiva se refiere, debemos vestirnos del nuevo hombre. Hermanos, es indispensable que pasemos por esa puerta. La renovación de la mente es algo de lo que tenemos que ocuparnos de modo específico. No creamos que vamos a llegar a eso de manera gradual.

La relación que existe entre la mente y el espíritu

Hace algunos años que leí en una revista estas palabras, escritas por Jessie PennLewis: «Si nuestro espíritu se encuentra cerrado es porque nuestra mente se encuentra cerrada».

Es como decir que el espíritu está cerrado debido a que la mente está cerrada. En aquel tiempo me di cuenta inmediatamente de lo preciosas que eran esas palabras, aunque no percibí su exactitud hasta después, debido a lo poco profunda que era mi vida espiritual entonces. Es completamente cierto que el espíritu se encuentra cerrado si la mente está cerrada, ya que el espíritu expresa sus pensamientos a través de la mente. Si la mente se encuentra bloqueada, el espíritu no tiene lugar de salida.

Tomemos como ejemplo lo que pasa con la corriente eléctrica. Todo lo poderosa que ésta sea, sin embargo, no puede proporcionarle luz a la gente si el filamento de la bombilla eléctrica está roto. No es que la compañía de electricidad no produzca electricidad; de ninguna manera; es simplemente porque la corriente no puede ejercer su acción a través de la bombilla. De igual manera, si nuestra mente se encuentra cerrada, nuestro espíritu no tiene forma ni poder para expresarse. Realmente, no sé cómo debo hablar para que eso nos sirva de ayuda para compenetrarnos de esta profunda verdad y así podamos recibir la renovación de nuestra mente.

No estoy sugiriendo que nuestra mente pueda ayudar en la obra de Dios, porque esto va a ser tan sólo el poder del alma. Debo decir, sin embargo, que si la mente del creyente no está renovada, su espíritu no tiene lugar de salida y, en consecuencia, Dios no la puede utilizar. El día de Pentecostés Pedro explicó que los discípulos no estaban de ninguna manera ebrios. Si lo hubieran estado, su mente no habría estado clara; y si su mente no hubiera estado clara, no habrían tenido un espíritu abierto y así no habrían sido usados por Dios. Hasta donde yo sepa, todos los que son grandemente usados por Dios son personas cuyo espíritu, mente, entendimiento, ideas y pensamientos están claros. Que si tienen, o no, grandes conocimientos, es otro asunto, porque no todos los que son usados por Dios poseen grandes conocimientos.

Si nuestra mente queda renovada, nuestra comprensión será aguda. Conoceremos la voluntad de Dios, la mente de Dios y la Palabra de Dios.

La consagración y la renovación de la mente

Y ahora llegamos al segundo pasaje de la Biblia, que nos habla de la necesidad que tenemos de mantener renovada nuestra mente.

> *Así que, hermanos, os ruego por las misericordias de Dios, que presentéis vuestros cuerpos en sacrificio vivo, santo, agradable a Dios, que es vuestro culto racional. No os conforméis a este siglo, sino transformaos por medio de la renovación de vuestro entendimiento, para que comprobéis cuál sea la buena voluntad de Dios, agradable y perfecta.*
> Romanos 12:1,2.

La palabra «entendimiento» que se usa aquí es *nous* en el original griego. Una vez más se trata de la renovación de la mente. Pablo les ruega a los creyentes que presenten su cuerpo a Dios con el fin de rendirle culto. La renovación de la mente tiene por base la consagración.

Amigo, ¿hay algo que lo mantiene a usted alicaído? Si usted es capaz de consagrar eso colocándolo por entero en el altar, su mente renovada quedará doblemente fortalecida por Dios para que usted conozca el corazón y la voluntad de Él, como también para que su pensamiento esté en las cosas de Dios y las entienda. Usted tiene que hacer esta transacción de manera específica. Entonces estará en condiciones de comprobar cuál sea la agradable voluntad de Dios.

Muchos proclaman de manera general que están en disposición de obedecer a Dios en todas las cosas. Permanece, sin embargo, el hecho de que no saben lo que están diciendo, puesto que están bien lejos de tal obediencia perfecta. Al tiempo que el Señor estaba ya pronto para morir, Pedro anunció con osadía: «Aunque me sea necesario morir contigo, no te negaré» (Mateo 26:35). Hay muchos que son como Pedro: no saben lo que Dios requiere de ellos, de ahí que no crecen espiritualmente. Para determinar el grado de progreso espiritual de un creyente, tan sólo hace falta inquirir qué es lo que Dios al presente requiere de él. Por ejemplo, lo que Dios requerirá de un pecador recién salvado quizás sea que deje de fumar, que deje de jugar al azar, o quizás sean otros asuntos externos. Sabemos que esto no es más que el primer paso en la vida espiritual; porque no hay mucha profundidad en esto. Gradualmente se le irá mostrando además al nuevo creyente que la envidia, el orgullo y cosas de esta naturaleza son igualmente malos; él, por lo tanto, está haciendo nuevos progresos. Y todavía más adelante recibirá instrucciones de parte de Dios de que tiene que renunciar a su propia opinión en la obra de Dios: esto señala otro paso adelante.

En una palabra, los requisitos de Dios van cada vez más profundo. Algunos cristianos saben que no deben fumar ni deben jugar al azar; otros saben que no deben ser orgullosos ni deben ser envidiosos; pero eso es lo único que ellos saben. Debemos ofrendar a Dios de acuerdo con lo que sabemos, y así es como nuestra mente será renovada. Pero al mismo tiempo, nuestra mente renovada nos habrá de decir lo que aun más adelante le debemos ofrendar a Dios.

Después de la renovación

La mente de muchos cristianos es como una ventana de cocina que está sucia por la grasa que la cubre. Sin embargo, después que la mente es renovada, llega a ser como una ventana limpia que deja entrar la luz del sol sin que ésta se empañe. El creyente es capaz de comprender cada vez más lo que Dios requiere de él. Su mente llegó a ser de lo más aguda y alerta. Puede conocer llanamente cuáles son los requisitos de Dios. La razón por la cual muchos cristianos no conocen la voluntad de Dios es porque no tienen un aparato receptor apropiado. Tan sólo pueden suponer y conjeturar lo que es la voluntad de Dios. Pero si su mente se llega a renovar, serán aptos para conocer en forma cada vez más clara la voluntad de Dios.

1. Por ejemplo, en cuanto al enjuiciamiento. «Uno hace diferencia entre día y día; otro juzga iguales todos los días. Cada uno esté plenamente convencido en su propia mente» (Romanos 14:5). Aquí la «mente» es el *nous*. ¿Cómo juzga uno el bien y el mal? Cada uno juzga de acuerdo con su propia mente.

2. En cuanto a la comprensión. «Entonces les abrió el entendimiento para que comprendiesen las Escrituras» (Lucas 24:45). Aquí la mente es otra vez el *nous*. ¿Por qué les abrió el Señor Jesús el entendimiento? Para que pudieran comprender las Escrituras. Recordemos que llegamos a comprender la Biblia sólo después que el Señor Jesús nos abrió la mente. Tan pronto como se nos abre la mente, llegamos a comprender las Escrituras. Por lo tanto, cada vez que leamos la Biblia debemos decirle a Dios: «Me humillo como un niño delante de ti. No sé ni entiendo el significado de este pasaje. Dame luz, por favor».

No hace falta que Dios nos capacite para entender o poseer la verdad al tiempo que estemos leyendo la Palabra. A veces, cuando caminamos por la calle, o hacemos algún trabajo, o nos preparamos para acostarnos, o nos levantamos de la cama, Dios nos abre la mente y nos hace comprender la verdad. Una vez que Él nos abre la mente, empezamos a conocer con mayor plenitud.

De acuerdo con mi propia experiencia y con la experiencia de muchos, Dios nunca revela en su totalidad una verdad de una sola vez. Lo que al principio obtenemos de la lectura de las Escrituras es fragmentario, pero gradualmente llegamos al conocimiento de toda la verdad de Dios. Tomemos como ilustración la verdad de la autoridad. Conozco a un hombre en el Señor que durante cuatro o cinco años estuvo asido a esta sola verdad. Dios le iba mostrando con claridad creciente la verdad respecto de la autoridad, tal como la encontramos en la Biblia.

3. En cuanto a la predicación. Una vez se me preguntó que si uno debía prepararse para la predicación. Le contesté que uno debe prepararse todos los días. Tenemos que recibir de Dios diariamente. Cuando se nos muestra en nuestra mente la verdad que Dios nos da en nuestro espíritu, habremos de llegar a conocer, dentro de un período largo o corto, toda la verdad. Uno no se prepara para la predicación en dos horas: sería inútil. Hay muchas personas espirituales que son capaces de recibir de Dios todos los años grandes y sistemáticas verdades con toda claridad. Dios les muestra estas verdades a su mente, tanto para que puedan nutrirse ellas mismas, como para que puedan nutrir a los demás.

El contenido de la mente

Finalmente, con respecto al progreso que se ha de lograr en este asunto de la renovación de la mente, hay una parte que uno tiene que realizar, y hay también otra parte que tiene que realizar Dios. Recordemos que cada mente renovada ha de ser puesta bajo autocontrol. Uno tiene que aprender a dar comienzo y a poner fin a su proceso de pensamiento. Debe saber controlarse de la manera más natural. No debe dejar que pensamientos exteriores lo dominen a uno; si sucede lo contrario, es señal de que su mecanismo de pensar está enfermo. Con esto no queremos decir, por supuesto, que debemos analizar nuestros pensamientos; porque si lo hacemos, sufriremos intensos dolores de cabeza. Se ha de ejercer ese control en forma natural; al igual que el abrir y cerrar de los párpados no requiere que pongamos en ello el pensamiento, sino que sucede de forma natural. Al principio es necesario hacer algún esfuerzo, pero más adelante se podrá ejercer ese control en la forma más natural. Debemos controlar nuestros pensamientos, pero ese control ha de ejercerse en una forma natural. No analicemos nuestros pensamientos para que no suframos dolores y quebrantos. Esto es algo que ha de ser tenido en cuenta.

Nos agradaría recibir noticias suyas.
Por favor, envíe sus comentarios sobre este libro
a la dirección que aparece a continuación.
Muchas gracias.

Editorial Vida
Vida@zondervan.com
www.editorialvida.com

www.ingramcontent.com/pod-product-compliance
Lightning Source LLC
LaVergne TN
LVHW061302060426
835510LV00014B/1848